JN324255

「捨てる」「片づける」で人生はラクになる

斎藤茂太

PHP文庫

○本表紙図柄＝ロゼッタ・ストーン（大英博物館蔵）
○本表紙デザイン＋紋章＝上田晃郷

まえがき

ストレスの原因には様々なものがあるが、その大きなもののひとつに「人間関係」がある。職場の上司とうまくいかない、部下がついてこない、同僚たちへの嫉妬や羨望、夫婦関係、友人との関係といった問題。

しかし最近、ストレスの原因が、ひとつ増えた。

「モノとの関係」である。

ある人は「職場の机の上の書類の山が、ときどき夢に出てきて、うなされることがある」といった。

ある人は、モノが散乱し、どこに何があるのか見当のつかなくなった仕事机のことを考えると、気持ちがなえて「会社に行くのがイヤになる」といった。

またある人は、要らないモノがあふれ返った、散らかり放題の家について「逃げ出すことが許されるなら、いますぐにでも逃げ出したい」といった。

モノとの関係が、現代人の大きなストレスの一因になっている証《あかし》である。

それでなくてもモノがあふれているこの時代、「人と、どうやってつき合っていくか」と同時に、「モノと、どうつき合っていくか」という問題を真剣に考えなければならなくなったようである。

考えてみれば、むかしはよかった。モノが少なかったから、モノにふりまわされて右往左往《うおうさおう》することなどなかった。

たしかにモノが豊かになったことは私たちの生活を便利にしたが、心から、ゆとり、余裕といったものを奪っていくようである。

さて、いかにストレスなく、モノと上手につき合っていくか。

そのコツをここで、いくつか箇条書きにしておこう。

●不要なモノ、思い入れのないモノは捨てる……ストレスが軽減される。

●捨てることを「もったいない」と思わない……モノを大切にする心が養われる。

●書類で散らかり放題になった仕事机を整理する……それだけで人間的に成長

する。
●虚栄心からモノを増やさない……自分らしい暮らし方を楽しめるようになる。
●「増やす」より「減らす」に重点を置く……モノへの愛着が生まれる。
●モノの扱い方について「家庭憲法」を作る……家が快適なくつろぎの場となる。

ところで、人とのつき合いでは絶対に許されないことが、モノとのつき合いでは許される。それは「捨てる」ということだ。

人間関係がわずらわしくなったからといって、人とのつき合いを「捨てる」わけにはいくまい。しかしモノは捨てようと思えば、いつでも捨てられる。それを考えれば、気が楽ではないか。

しかるにモノも「捨てられないのだ、捨ててはいけないのだ」と頭から決め込んでしまっている人が少なくない。

まずは、その思い込みを解くところから話を始めよう。

#「捨てる」「片づける」で人生はラクになる　もくじ

2章 モノが溜まれば、ストレスも溜まる

3章 仕事ができる人には、「捨てる習慣」がある

4章 「タンスの肥やし」には女心が詰まっている

5章 モノに囲まれると、心は貧しくなる

6章　心の飢えは、モノでは満たされない

7章 「捨てる」「片づける」で、イキイキ生きる

1章

捨てられないから、グズになる

心地よい暮らしを手に入れるために

多くの人が「心地よい暮らし」を望んでいる。時間的にも、空間的にも、そして精神的にも、ゆとりのある暮らし。楽々とした暮らし。

何事も滞《とどこお》りなくスムーズに運ぶ、順調な暮らし。てきぱきとした暮らし。

しかしどっこい、そうはいかない。これまた多くの人が、そういう暮らしを夢見ながら実現できないでいる。

なぜだろう、と思う。その大きな原因のひとつに「捨てられない」という現実があるのではないか、というのが私の意見だ。

見渡せば要らないモノばかり、職場の机の上は、先週の会議で使った資料の山。なんに関する書類なのか、すぐには判別できなくなった書類の山。

そんな資料や書類に紛《まぎ》れて、散らばっている文房具の数々。散乱したメモ書き。書き損じた経費の精算書。空になったコーヒーの紙コップ。

そんな机の上を眺めながら「そういえば、ここのところ、机の表面を見ていないなあ。机の表面、どんなだったっけ。デスクマットが敷いてあったんだっけ、なかったんだっけ。どんな色だったんだっけ」と溜め息まじりに、つぶやいてみる。

家に帰れば帰ったで、そこも職場の机の上と似たり寄ったりの状況だ。

ここ一年、いやもう二年以上、一度も着ていない衣類の山。捨てようと思って、そこに置いたままになっているタオル類。読み終えた新聞や雑誌の山。ＤＭや広告チラシの山。手紙やハガキの山。

壊れたまま放り投げてある電化製品の山。梱包《こんぽう》をほどいてもいない、人からのもらいもの。そんなモノの山々が至るところで山崩れを起こしている始末である。

まあ、こんなゴチャゴチャ、ゴミゴミした状況の中では、とてもとても「心地よく暮らす」ことなど、できまい。

朝っぱらから、きのう財布をどこに置いたのかわからなくなり、探しているうちに遅刻しそうになり、あわてて職場に駆けつけると、机の上に積み上げておいた書類が崩れて床下に散乱している。

朝一番の仕事は書類の片づけで、そのうちに肝心の仕事が遅れ遅れになり、上司から怒られ取引先から嫌味をいわれ、周りからあきれた眼差しを向けられる。

名誉挽回と夜遅くまで残業をやってがんばるのだが、疲れた心と体を引きずって、またあのゴチャゴチャしたモノが至るところにあふれている我が家へ帰るのかと思うと「あーあ」ではないか。なんだか疲労が倍増してきそうである。「心地よい暮らし」からはほど遠い。

捨てなければ、根本問題は解決しない

「心地よく暮らす」ためにも、ゴチャゴチャに散らかった不要なモノどもを、早く、どうにかせねばならない。

ところで、ここでまず述べておきたい。

そうだ整理しよう、ひとまとめにしておこう、だけでは、根本的な問題は解決

しない。それではただたんに「積み重ねておく」になりがちだからだ。

ギリシャ神話にシシュポスという人の話が出てくる。神から「あの山へ大石を運び上げよ」という罰を受ける。運び上げ終われば罰から解放されるのだが、あともう少しのところで石は転げ落ちてゆき、また一からやり直さなければならなくなる。結局永遠に石を最後まで運び上げることはできず、罰から解放されることもないという話だ。

不要なモノをただ整理する、ひとまとめにするだけでは、このシシュポスの話と同じことになってしまうのだ。

整理したモノはまた収納からあふれ出し、ひとまとめにしたモノはあちこちで崩れ始める。

要らないモノは、捨てる。これをしなければ結局は、元の木阿弥《もくあみ》となるだけだ。

あえていえば、こうである。

「捨てて、整理する」

「捨てて、片づける」

「捨てて、まとめる」

もったいない、なんていってはいられない。

捨ててしまったら、あとで後悔することになるんじゃないか、などと心配なんてしていられない。

ともかく「捨てる」ということが伴わなければ、どんなに必死になって整理整頓しても徒労となる。「心地よい暮らし」は永遠に、実現できない。

ゴチャゴチャの罰から免役されることはない。

「捨てられない」で犠牲になるのは時間、お金、心の健康

それでは不要なモノを捨てられず、ゴチャゴチャした環境の中で暮らすデメリットを、ざっと列挙しておこう。

●捨てられないために、貴重な時間を浪費する。
●捨てられないために、せっかくの儲け話を逃す。
●捨てられないために、心の健康が損なわれる。

「えーと、えーと、あの書類どこだったかしら。たしか、このあたりにあったはずだけど」と、散らかった書類をあっちこっちとひっくり返して「あの書類」を探し出す。このドタバタで、どれほど有意義な時間を浪費していることか。

時は金なり、という。つまり、お金もムダにしていることになる。

探し物をしている時間に、たとえば顧客のところに電話を一本入れることができていたかもしれない。その一本の電話をし損なったばかりに、ライバル会社に先を越され、大口の商談を逃していたかもしれないではないか。

そして何よりも、心の健康にも害を与えているのだといわざるをえない。

探し物が見つからないときのイライラは、みなさん、身におぼえがあるだろう。そのイライラが「たまに」ならまだいいが、いつも身の回りがゴチャゴチャ状態であるために「しょっちゅう」となると、そのストレスのために心身のどこかに歪《ゆが》みが生じていたとしてもおかしくない。

一度、想像してみよう。

仕事机の上には何もない。書類の山も、散乱したメモも何もない。まるで机が「さあ、ここで思う存分、仕事をしてください」と手招きしてくれているようだ。

文房具は所定の場所に、ちゃんと置いてある。必要なものは、すぐに手許に取り出せるよう準備されている。仕事を滞らせるようなものは何もない。

机の横のほうに捨てずに置いてあった雑誌にチラリと目がいく。裏表紙一面に掲載されているビールメーカーの広告。人気俳優が大きなジョッキでぐいぐいとビールを飲んでいるその姿に、「おれもビール、飲みたいなあ」となって、気を散らされて仕事を中断されるようなことも、もはやない。

カード会社からの請求書が見つからなくなって、ちゃんとお金を銀行に入れておいたかどうかが心配になって、気をもむことも、もはやないのだ。

我が家にも、不要なものは一切ない。

まるで広々とした、初夏の高原にいるような、清々《すがすが》しい空気。しかも生活に必要なものは、必要な場所にちゃんと揃っている。しかもゴチャゴチャと、ではなく、スッキリと収まっている。

「なんてステキな生活だろう。心の落ち着く、安心感がある、心地よい暮らしだろう」

と思うのではあるまいか。

さて、そのためには要らないモノを捨てることから始めよう。

しかしこの第一歩で、多くの人たちがつまずくのだ。

人とモノとの「腐れ縁」を断ち切る

ある人は「捨てるモノがいっぱいあるのはわかっているんですが、いざ捨てるとなると、捨てられなくなるんです」といった。

なかなか複雑な人間心理ではあるが、その気持ちはわかる。

人間関係には「腐れ縁」という言葉がある。一度は惹《ひ》かれ合った関係にあったのだが、いまはもうお互いにすっかりさめた気持ちになっている。お互いの今後の人生のために別れたほうがいいと、心のどこかで思っているのだが、実際には別れ話はいい出せない。ズルズルと、いままで通りの関係が続いていく。ああ、やる瀬ない人生。

人と人との関係ばかりじゃない。人とモノとのあいだにも、そんな「腐れ縁」があるのだ。

一度は「こんなモノがあればいいなあ。役に立つだろうなあ。楽しいだろうなあ」ということで入手したモノなのだが、実際には期待はずれ。

これがあれば仕事がもっと効率的に運ぶようになるのではと考えて購入した電子手帳、しかし実際には操作が面倒でひと月で挫折。たとえ平凡でも、時代遅れでも、従来の手書きの手帳が使い勝手が一番いいと、いまはそれを使っている。

電子手帳は、さて、たしか、机の一番下の引き出しの奥のほうで眠っているはずであるが……となる。

最近、太りぎみなのが気になっている。お腹まわりもボテボテになってきた。去年はくことができたGパンが、今年ははけない。このままではいけないと購入したのが、エアロバイク。スリムなボディのために、そして健康維持のためにも、暇を見つけて自転車漕ぎをしようと思っていたが、一週間で挫折。もう半年も乗っていない。いまは、ちょっと風変わりな部屋のインテリアになっている状態だ。

どうせもう使うこともないのだし、捨てたほうがいいとわかっている。

しかし「捨てられない」のだ。

これも人間関係の「腐れ縁」と同じである。

別れたい、捨てたいと思いながらも、どこかに未練が残っている。

もし別れてしまったら、捨ててしまったら「あとで後悔することになるのではないか」という気持ちがうずく。吹っ切れないのだ。

「あとで後悔することになりそう」だから捨てられない

人間関係の「腐れ縁」であれば、別れるほうがいいかも、と思いながらもつき合っていくうちにほのぼのとした情が生まれ、〝一心同体のようになっていき、強い絆を感じるようになり、別れるに別れられないようになることもある。長年連れ添った夫婦など、まあ、そんなもんである。

しかるに人とモノとは、どうか。そんな情は、モノとの関係においても生まれるのか。それはないだろうというのが、私の考えだ。

たしかにモノへの愛着、情といったものを感じることはある。しかしそれは、使っていればこそなのだ。

たとえば料理人が毎日丹精込めて研ぎながら、五年十年と使い続けている柳葉包丁に愛着や情を感じるようになるのはわかる。

社会人になった記念に買った万年筆、その後十何年も使い続け、いまはしばしばインクもれを起こすようになっているのだが、捨てるに捨てがたいという気持ちになるのもわかる。

しかし使いもせず、そこらに投げ出していたモノに、何年か後、愛着を感じるようになるのかといえば、それはないだろうと思う。ジャマなモノは、やはりいつまでたってもジャマなモノなのだ。

したがって「捨ててしまったら、あとで後悔することになるのではないか」ということもありえない。

もし、たとえ「あのとき捨てないで、取っておけばよかった」と後悔するようなことになっても、それはそれで、いいではないか。

身の回りに要らないモノばかりが散乱し、右往左往し、バタバタし、イライラし、ストレスを溜め込む。そんな慌《あわただ》しい、落ち着きのない生活から、いままで無縁でいられたことを考えれば、あきらめもつく。

後悔のひとつや、ふたつ、どうってことない。

「捨てる力」は「あきらめる力」

身辺から要らないモノを一掃し、快適な気分で暮らしていくために大切な心がまえは、私は「あきらめる」ことではないかと思う。

「あとで後悔するのではないか」と要らないモノをいつまでも取っておこうと思うのは、いわば「あきらめ力」が足りないのだ。

後悔することになるかもしれない。しかし後悔するかどうかなんて、あとになってみなければわからない。確実に後悔するとわかっていればいいのである。だが、わからないのなら、上手にあきらめて、捨ててしまったほうが気持ちがスッキリする。

もし後悔することになったら、同じモノを新しく買い直せばいいではないか。

先々のことで、あれこれ心を悩ませないこと。

基準を作っておこう。

●役に立っているモノは捨てない。
●思い入れのあるモノは捨てない。
●役にも立っておらず、思い入れもないモノは、捨てる。

これで、どうか。

「役に立っているモノ」を捨てなくていいというのは当たり前のこと。「思い入れのあるモノ」とは、たとえば、思い出のモノ、大切な人からもらったモノ、趣味でコレクションしたモノである。

こういったモノは、いま特別に何かの役に立っているわけではない、しまい込まれたままになっている状態であるかもしれないが、とはいっても私たちの人生を彩る大切なモノである。これは捨てるわけにはゆくまい。これを捨ててしまっては、自分の人生を疎《おろそ》かにしているのと同じことだ。

私などヒコーキが好きで、雑多なヒコーキグッズをあれこれと性懲りもなく集めてきた。プロペラ、座席、機長の制服、その他色々。女房殿にいわせれば「こんな、なんの役にも立たないモノ、ジャマになるだけだから捨てちゃえば」ということなのだろうが、そういうわけには断じてゆかない。

人にはどう思われようと、私には大切なモノなのだ。私に生きる喜びを与えてくれ、ときに疲れた私をやさしく慰め、あしたへの活力を注入してくれた大切なモノたちなのである。それを簡単に捨ててしまったら、神様の罰が当たる。

だいたいそういう女房でさえ、私に「捨てちゃえば」といわれるのが嫌だから、どこか私に見つからないところに、役には立たぬが彼女にとっては大切なモノを隠しもっているに違いないのだ。

まあ、人にはどなたにも、そのような自分ならではの思い入れのあるモノがある。これは捨てなくてもヨシだ。

そして「役にも立っておらず、思い入れもないモノ」は、捨ててヨシだ。そういうモノは捨てたとしても、まあ、あとになって後悔することはない。長い私の人生経験から、そういっておこう。何日かたてば、それを捨てたことさえ忘れるようなモノなのだ。だから、どんどん捨てよう、である。

要らないモノを取っておくばかりに、身の回りがゴチャゴチャになり、間違って「役に立っているモノ」「思い入れのあるモノ」を捨ててしまう。

むしろこちらのほうが、後悔しても後悔しきれない思いを残しそうで、心配である。

「あとでゆっくり」できる時間はやってこない

「捨てられない」理由に、「あとで後悔することになるかもしれないから」というのがある。そのほかにも、「あとでじっくり見ようと思っているから」、また「あとで役に立つかもしれないから」というのもある。

加工食品のように製造年月日や賞味期限が記載されていれば、それが捨てる捨てないの目安になる。ところが、そういった目安のないモノはどうするか。

たとえば「情報」である。

あした、あさってまで取っておいても腐るものじゃない。それに安心して、つい「いま忙しいから、あとでゆっくり」となりやすいのだ。

新聞におもしろい統計資料が載っているぞ。商談のときの話題作りにでも使えそうだ。でもいま忙しいから、とりあえず横に置いといて、あとでゆっくり読もう。

あら、あそこの家電量販店で、薄型テレビの安売りですって。ちょうどテレビを買い替えようかと思っていたところなの。でも、これから晩ごはんのしたくをしなければならないから、あとで寝る前にでも、ゆっくり見よう。あら、家具屋さんの安売りもあるのね。これも、あとでゆっくりね。

この「あとで」がクセモノなのだ。

「あとでゆっくり」とはいったものの、あとでゆっくりできる時間などやってはこない。夜寝るまでバタバタが続き、次の日も同じ。ずっとアタフタ、バタバタ、アタフタで日が明けて日が暮れての毎日なのだが、「あとでゆっくり見よう、読もう」というモノは情け容赦なく溜まっていく。新聞が溜まり、広告チラシが溜まり、本、雑誌、報告書、パンフレット、招待状、広報誌、ハガキ、手紙と、突貫工事ではないが、あっという間にそこらじゅう、モノの山やら谷やらダムやらができ上がっていく。

情報は手許に置いておけば安心？　それとも不安？

「情報」というものには、困った魅力がある。とりあえず手許に置いておくと、なぜか安心できるのだ。

たとえば会議だ。いまにも崩れ落ちそうな山のような資料を、よっこらせ、よっこらせと両腕で抱えながら、会議室へやってくる人がいる。「あんなにたくさんの資料をもち込んで、いったい何に使うんだろう」と不思議だ。

実際には、使うことなどないのだ。使ったとしても、ほんの一部分だけ。だが本人とすれば、資料はたくさん手許にあればあるほど、気持ちが落ち着くのだろう。

新幹線や飛行機に乗ると、座席に着いたとたんカバンから何かの資料を取り出すと、モノ置きの台をさっと倒して、その上に資料を置く人がいる。

とはいっても資料に目を通すわけじゃない。資料はそのままにしておいて、のんびりと幕の内弁当を食べ始めたりするのだ。

あれも、きっと無意識のうちに、安心感を得るためにやっていることだろう。

私も、話のネタ集めのために新聞や雑誌を取っておく癖がある。

実際に原稿用紙に向かうときは、新聞雑誌のみならず、国語辞典はもちろんのこと、類語辞典、反対語辞典、慣用句辞典に人名辞典、英和辞典に和英辞典と、たくさんの辞書事典をはべらせておきたくもなる。使う使わないは別にして、ともかく辞書類がすぐ手の届く場所にあると安心感が得られるものだ。

しかし情報も、あまりにたくさん溜め込みすぎると、安心どころではない。不安感や焦燥感を巻き起こしてしまうのだから、要注意だ。

企画部門で働くある人には、知人が編集長となって新しく創刊された週刊誌が、毎週寄贈本として届く。ちょっと気になっていた雑誌であったからゆっくり目を通したかったが、その暇がない。とりあえず机の上に積み重ねておいたが、一週間など、あっという間にすぎ去る。それに伴って週刊誌も一冊溜まり二冊溜まりで、とうとう机の上に置く場所がなくなって、机の下に積み重ねておいたのだが、そこでもたちまち山のようになる有様。

さてある日、その人が席を空けているあいだに掃除の人がやってきて、捨てていいゴミかと勘違いして、週刊誌をまとめて処分してしまったという。

席へ戻ってきたその人、烈火のごとく怒ると思いきや、「ああ、よかった」と胸をなでおろす思いであったそうだ。

すぐに目を通してしまえばよいのだ。そうすれば、それが使えそうな情報なのか、使えない情報なのか、その場でわかる。そして使えそうな情報だけ残し、使えない情報は捨てればよい。

しかしなぜ、すぐに目を通すことができないのか。

先ほども述べている通りである。つい「あとで時間ができたときに、ゆっくり目を通そう」と安易に考えてしまうからである。

紙類の処分には、強い気持ちで臨む

情報とはモノではないのだろうが、実際にはモノだ。情報とは実際には、紙に書かれているのだから、情報を取っておこうと思えば、紙を取っておくことになる。書類、資料、新聞、雑誌、本、手紙、ノート、メモ用紙、その他。だから嵩《かさ》張《ば》る。溜まれば山にも渓谷にもなるし、山崩れも起こす。

パソコンが普及し始めた頃に、これからは情報は電子化される、これからはペーパーレスの時代になると、よくいわれたものだった。

だが現実は違った。たしかに情報は電子化されていったが、だからといって紙の消費量が減ったわけではない。これまで通り、コピーは紙でばんばん取るし、本は紙で読む、新聞も紙で配達してもらうし、会議の資料は紙に書かれたものを配る。パソコンが普及して、印刷機を使って簡単に紙に印字できるようになったために、かえって紙の消費量は増えているという人だっている。

というわけで、私たちの身の回りには、ますます紙があふれるようになった。

のみならず、頼みもしないのに勝手に送りつけられてくる紙類も膨大な量に及ぶ。

毎日、郵便受けに投函されるＤＭや広告チラシだけでも、ものすごい量だ。郵便受けが、ＤＭや広告チラシのゴミ箱にされているようにさえ思えてくる。早く取り除いておかなければ、大事な手紙や新聞の夕刊を入れてもらう隙がなくなるのではないかと心配になるほどだ。

とてもとても「いま忙しいから、あとでゆっくり目を通そう」などと悠長なことなどいっていられない。どんどん捨てていかなければ、またたく間に紙に埋もれて生きてゆかなければならなくなる。

そこで、こんなルールを作っておくのはどうか。

●情報の選球眼を養って、見ないで捨てる。
●その日がきたら、容赦なく捨てる。

「見ないで捨てる」とは、ボール球はふるな、ということ。

いつだったか野球の解説者がいっていたが、いい打者というのはボール球には手を出さない。これぞという球だけを、確実に打ち返していく。つまり選球眼がいい。

私たちも、この情報は役に立つか立たないかを一瞬にして見極める、いわば選球眼を養っておく必要があるのではないか。そうしなければ情報化のこの時代、情報化とはつまり先ほど述べたように、情報の記載された紙があふれるこの時代を生き抜いていけないと思うのである。

広告チラシを捨てるか、取っておくか、一瞬にして見極める選球眼。駅の売店で買った雑誌を家までもち帰るか、途中で捨ててくるか、その場で判断する選球眼。

これで紙類の半分は、上手に処理できるはずだ。

そしてもし「あとでゆっくり見よう。もう一度、詳しく読んでおこう」と、取っておいたモノであっても「その日がきたら、容赦なく捨てる」である。

これは「定期的に捨てる」ともいい直せる。

幸いにいまは、ゴミの分別収集が一般的である。

あなたの暮らす町にも「○曜日は、古紙回収の日」というルールがあるのではないか。

この「○曜日」が「その日がきたら」となる。この日がきたら、まだ見ていない、読んでいないモノであっても容赦なく捨てよ、だ。

ここで必要になってくるのも「あきらめ力」だ。

よく読まず捨ててしまって、有用な情報を見すごしてしまって、それであとで損をしたり後悔したりすることになるかもしれないが、それは仕方ないこと。人生には、いさぎよくあきらめるしかないときもある。

さて職場に溜まった紙類はどうするか。職場には「○曜日は、古紙回収の日」というルールはない。

仕方ない。自分で「○曜日は、溜まった紙を処分する日」というルールを作っておくしかない。あとは意志を強くもって、実践あるのみ、だ。

ところで、ちょっと忘れがちだが、大切なことがある。

要らないモノを、ゴミ箱へポイ。そこで安心してしまう人が多いのだ。

ゴミ箱へポイで、「おしまい」ではない。

ゴミ箱に溜まったモノも、ちゃんとこまめに捨てておくこと。

そうしないとゴミ箱の中でモノが山のようになり、そこからあふれ出し、そこらを散らかすことになる。

ゴミ箱からモノがあふれているような家に住みたいですか。

ゴミ箱からモノがあふれているような職場で働きたいですか。

みなさんの答えは、もちろん「ノー」だろう。

そうならばゴミ箱にあるモノを捨てることも、お忘れなく。

掃除の人がもっていってくれるから、それは女房の仕事だから、などと人任せにするのはやめよう。気づいたら、自分ですぐに、だ。

ゴミ箱の中も、きれいに。これも「心地よい暮らし」のためである。

2章

モノが溜まれば、ストレスも溜まる

「もったいない」＝「捨てる技術」である

「捨てるのは、もったいない」という人がいる。

一理ある。大根の葉っぱを捨てるのはもったいないから、「葉っぱは取らないでおいてちょうだい」とスーパーから家へもち帰り、細かく刻んで、油揚げといっしょにゴマ油で炒めて、惣菜を一品こしらえる。

葉っぱつき大根と、葉っぱなし大根、値段は同じでありながら惣菜が一品増えたのだから、これは「もったいない」でモノを有効活用する知恵といったところだ。

大根の皮を捨てるのももったいないから、これもキンピラにしてしまう。なおさら、よい。ここまで食べ尽くしてやれば、大根も本望だろう。心置きなく成仏できる。

三年前に買ったスーツ、晴れ晴れとした気持ちで着ていったが、職場の同僚からの「あなたって趣味悪いね」とのつれないひとことで、「もうこんなスーツ、着ない」と、それ以来一度も袖を通さずにいるスーツ。

自分はもう着ることもないだろうが、捨てるのは「もったいない」から、ボランティアでリサイクル活動をしている人にもっていってもらう。まだ利用価値があるのであれば、これも有効活用である。

モノである限り、必ずどこかに使い道がある。たとえ着古した背広であっても、雑巾にするという方法もある。パッチワーク用の生地にして、テーブルクロスをこしらえるというやり方もある。工夫次第で、どうにでもなる。

だが中には、こんな人もいそうではないか。

「捨てるのは、もったいない」と大根の葉っぱをもって帰って、そのまま冷蔵庫の中に放り込んだままにしておいて、葉っぱを枯らして食べられなくする人。

着なくなった背広を「捨てるのはもったいないから、今度リサイクルに出すんだ」とはいったものの、そのままタンスの肥やしにし続ける人。

これでは困る。せっかくおいしく食べられるものを食べられなくするほうが、せっかく利用価値のあるものをタンスの肥やしにしておくほうが「もったいない」ではないか。

「もったいない」といいながら、自分が「もったいない」ことをしている。

おそらくは思い違いをしているのだ。

「もったいない」とは、「捨てないで、取っておく技術」ではない。

「もったいない」というのも、ある意味、「捨てる技術」なのである。

大根の葉っぱを、食べて「捨てる技術」だ。

タンスの肥やしとなっているスーツを、リサイクルに出して「捨てる技術」だ。

決して、捨てないでおく、取っておく、溜めておく、技術ではない。さらにいえば「活かすために捨てる技術」。

これを思い違いするから「もったいない」で、不要なモノを溜め込むことになる。整理のつかない、ゴチャゴチャした環境で、息苦しい思いをしながら暮らしていかなければならないことになる。

「モノを大切にする」とは、使うこと

モノは使いきってこそ「モノを大切にする」ことになる。「捨てる」ところまで有効に使いきってこそ、である。

ただ「もっている」だけでは、モノを大切にすることにはならない。

中国に、こんな笑い話があった。

あるケチな男は毎日、靴下をはかずにすごしていた。靴下をボロボロにしてしまうのが、もったいないというのだ。

さてある日、いつものように靴下をはかずに知人の家へいった。

家の前で犬がワンワン吠え立て、駆け寄ってくると、男の足に嚙みついた。見ると、足から血が流れている。

そこで男はひとこと、「ああ、よかった」。なぜかというと「もし靴下をはいていたら、靴下に穴を開けられているところだったぞ」という。

まあ、そこまでの覚悟と根性があるのであれば、モノは使わずに、ただ「もっ

ている」だけでも可としよう。

しかし考えてもらいたい。大切にタンスの中にしまっておいた靴下は、そこで虫に食われて穴だらけになっているかもしれないではないか。

いや、きっとそうなっている。そういうことならば犬に嚙まれてしまったほうがいいではないか。おそらく靴下に守られて、足から血を流さずに済んだだろうに。

だいたいモノというものは、大切に保管しておくよりも、使ってやったほうが長もちする。保管しておくほうがかえって早くボロボロになり、ダメになるものだ。

現に、こんな笑い話だってある。

これもドケチなことで有名な、ある老人。老人がポケットから財布を取り出して開けてみると、中から蛾《が》が三匹這い出してきた。

それを端から見ていたある人、「あの爺さん、あんまり長いあいだ財布を開けなかったもんで、中でさなぎから羽化しちまっていたんだよ」

金が減るのを惜しんで、財布を使わなかったから、いつの間にかそこに蛾が寄生したというわけである。

「使わない」より「使う」ほうが、モノは長もちする

医学用語に「廃用性萎縮《はいようせいいしゅく》」というのがある。骨折をしてギプスをはめることになると、ギプスをはずす頃にはその部分の筋肉がすっかり落ちている。長期間使わなかったため、衰えてしまったのだ。痴呆《ちほう》の原因のひとつに、この廃用性萎縮を挙げる人もいる。頭も筋肉と同様に、使わないと衰えが早い。

モノにも「廃用性萎縮」が起こるのだ。本革製の旅行カバンなど、高価なモノだからと大切にしまっておくと、気づかぬうちにカビだらけになっている。

家屋なども、そこに住んでいるうちはなんともなかったのに、長く家を空けていると、水道管にヒビが入って水が出なくなったり、壁のどこかが崩れ落ちたり

してくるものだ。

電化製品もそうである。ひと月ふた月使わないでいると、電源を入れてもウンともスンともいわなくなる。しょっちゅう使っていたときには、そんな故障はまったくなかったのに、だ。

私は、こういいたい。モノを大切にするなら「使え」と。

使われることもなくボロボロになって捨てられるより、使いきられボロボロになって捨てられるほうが、モノとしては本望だろう。

そして私たちにも充実感が残る。

使うことがモノと私たちの、いい関係を築くことになる。

使っているうちにモノへの愛着が生まれる

私は、いったん使い始めたモノは浮気せず、長いこと使うほうである。

母の輝子の場合はボストンバッグの使用期間は二年だったが、私の場合は少なくとも十年は使った。ボロボロになるまで、だ。

戦後、免許を取って初めて買った自動車は、イギリスのシンガー・モータースという会社が製造した外車だったが、これは十九万三千キロも乗った。これだけ乗るとガタもくる（というよりも中古車で買ったので、最初からガタがきていたのだったが）。しょっちゅう故障する。また箱根あたりに遠出するときは、湯本あたりで車を止めてエンジンを冷やさなければならなかった。ときにはバケツで川の水を汲んできて、かけてやらなければならなかった。しかし、そんなガタガタの自動車でも、手間をかけて長年乗っているうちに愛着がわいてくる。

思うのだが人は、たとえボロボロ、ガタガタであっても、愛着のあるモノに囲まれて暮らすほうが幸せなのではないか。

こういってはナンだが、夫婦だってそうである。長年連れ添えば連れ添うだけ、相手への愛着が生まれる。

「おれの女房はボロボロさ」「私の亭主はガタガタよ」とつれないことをいいな

がら、そんなボロボロ、ガタガタの関係ができ上がった夫婦には、若い人たちには獲得できない幸福感といったものがある。

人と人との関係がそういうものならば、人とモノとの関係もそうなのではないか。

たしかに新しくて、まだピカピカしているモノを買ってきて身近なところへ置いておくと、気持ちも幸せになってくる。ショッピングも楽しい。

しかしそれは束の間の楽しさ、いっときの幸福感でしかない。あした、あさってになれば、はかなく消え去る。

だからまた新しいモノを買ってきたくなる。買って買って買いまくって、家にはモノがあふれ、身動きもできないような事態になる。

使い捨ての時代といわれて久しいが、私にいわせてもらえば、使い捨てじゃない。使わず捨て、だ。いや往々にして使わず溜め、だ。

買ってきたモノを梱包も開けずに、そのまま部屋の片隅に放りっぱなしにしている人だって、どこかにいそうだ。

「買い物依存症」という言葉もあるが、はかなく消え去る、束の間の楽しさ、いっときの幸福感ばかりを追い求めてゆくから、そういうことになる。

使い込んでゆけば、それなりに愛着がわいてきて、おいそれと押入れなんぞに放り込んで、そのままにしておくことなどできなくなる。かわいく思えてきて、いつも身近なところに置いて使っていてやらなければ申し訳ないような気持ち。

だから新しいモノを買ってこようとも思わない。

だから不必要なモノが溜まることもない。

新しいモノがほしくなっても、少しだけがまんしてみたらどうか。そして、いま使っているモノをもう少し使い続けてみたらどうか。

愛着が出てくるまで、である。そうすればもう新しいモノに、むやみに買い替えたくなる気持ちも薄らいでゆくだろう。

これも夫婦関係と同じ。新婚当時の幸福感など、はかなく消える。しかし、そこでどう考えるかが、人生の分岐点なのである。

使えないものは、もたないと決める

「もったいない」という言葉から、私は母の輝子を思い出す。明治生まれの人はだれでもそうだったのだろうが、母はそれこそ「もったいない精神」のもち主で、だれもいない部屋に電灯がついていないかと家の中を歩きまわる。電灯がついていたりすると「もったいない、もったいない」とつぶやきながらパチッと消してゆくのだ。水道の水がチョロチョロと流れているのを見つけても、あわてて「もったいない」と、キュッと閉め直す。

だれが母にそんなことを教えたのか知らないが、ある日突然「お茶の出し殻にも、まだ栄養がたくさん残っているんだ」といい出して、だから捨てるのはもったいないと、出し殻を乾燥させてフリカケにして私たちに食べさせた。

「もったいない」のはいいのだが、おかげで家族全員が胃の具合を悪くし、消化不良をきたすことになった。そこで私はこれに「母原性消化不良症候群」という病名を与えた。

さて、そんな母はモノに関しても、「自分はモノをムダにすることが嫌いです。モノは長く使います」と公言していた。

だが、母はモノを使うのが不器用なほうで、自分では長く大切に扱っているつもりでも、実際にはすぐにモノをダメにした。

旅行用のトランクなどは、だいたい買ってから二年ぐらいしかもたない。カメラなどもすぐにダメにして、よく買い替えていた。

とはいえ、先ほども述べた通り、使わないでモノをダメにするよりも、使ってモノをダメにするほうが、モノを大切にすることにつながる。

その意味では、母はやはり、もったいないことはしなかった。モノを大切にする人であったのだと思う。要は、自分なりに大切にすればよいのだ。

手先が器用でモノを長もちさせることができればそれに越したことはないのだろうが、不器用ならば不器用なりに大切にすればよい。そして「大切にする」とは、イコール「使う」ということなのである。

「もったいない精神」を実践しようとするとき、私たちは、えてして理想論に陥りがちだ。たとえば不浄な話で申し訳ないが、むかしは新聞紙を捨てるのが「もったいない」とトイレの紙に使う家庭も多かった。いま古新聞紙を、そういう使い方にする家庭はないだろうし、せよといってもムリな話だろう。しかし古紙をリサイクルに出して、再生紙として使ってもらうことはできる。自分にできる範囲で、自分なりにすればよい。

大根の葉っぱを捨てるのはもったいないとはいえ、料理が苦手で使い道なんてとても思いつきそうもないという人は、大根の葉っぱは捨ててしまってもいい。そこで「もったいないから、とりあえず取っておこう。あとで料理の仕方をだれかに教わって料理しよう」などと考えるから、冷蔵庫の中で食べられなくしてしまう。そういう気分的な願望がゴミを作る素だ。

着なくなった背広はリサイクルに出そうと考えるのは立派だが、忙しくて、そういうモノを引き取ってくれるリサイクル業者に頼む暇がない。そうであれば仕方ない、捨てたってかまわないのではないか。

「もったいない」とは、行動が伴わなければ意味がない。自分にできないことは、しないことだ。これも「もったいない」の上手な実践法だろう。

要らないモノを、もらってくれる相手はいないか

考えてみれば「もったいない」を実践することは、なかなか骨が折れることである。知識と工夫と努力と、そして何よりも熱意が必要だ。

この熱意に欠ける人がよくいうのが、「捨てるのはもったいないから、だれかにあげようと思っているの」だ。

この「だれかに」がクセモノなのである。いつまでたっても「だれかに」であり、一向に具体化しない。したがって要らないモノはいつまでも、どこかに山積みにされたまま放置されることになる。

「もったいないから、だれかにあげる」とひと口にいっても、面倒なことがたくさんあるのだ。

たとえばリサイクルに出して、必要な人にもらってもらおうと思う。

とはいえ、リサイクル業者といっても、なんでもかんでも回収してくれるわけではないだろう。うちは家電製品、うちは古紙と、それぞれ専門分野がある。はたして自分がいま引き取ってもらいたいと思っているモノは、どこのリサイクル関係者が回収してくれるのか。住所は、連絡先は、自分の家まできてくれるのか、こちらからもっていかなければいけないのか。

それに無料で回収してくれるのか。それともお金がかかるのか。お金がかかる場合は現金で支払えばいいのか、それとも何かシールのようなものを買ってそれを引き取ってもらうモノに張りつけておけばいいのか。モノの出し方は、どうするのか。

そんなリサイクル情報は、集めてくるだけでもけっこうな手間だろう。

その手間を惜しまないというのであれば「だれかにもらってもらう」ことは、大いにけっこうである。それに越したことはない。

要らないモノを、お金に換える方法はないか

　ゴミとなって燃やされたり、どこかに埋められたりするよりも、どこかにだれかもらってくれる人がいるならば、そのほうがモノとしても満足だろう。

　捨てることに良心の呵責《かしゃく》をおぼえることもない。こちらとしても、喜んで「いってらっしゃい」と、我が家からモノを送り出すこともできそうだ。

　しかし、その「だれか」を探し出してくるのが面倒臭くて、「捨てるのはもったいないから、だれかにあげる」とはいったものの、ついそのまま要らないモノを溜め込んでしまう人もいる。それでは困る。

　ちゃっかりした人ならば、要らなくなったモノを捨てるのにお金を支払うなんて、もったいない。そのモノを売って、むしろお金に換える方法はないかしら、と考える。

　たとえば、フリーマーケットに出品する。

　たとえば、インターネットを使って自分で売る。

また、インターネットのオークションに出品するなど。それが面倒と思わない人にとっては、いい方法かもしれないが、手間（コスト）に見合う収入があるかどうかはわからない。

「もったいない」で「ありがた迷惑」になってはならない

リサイクル業者を探し出してくるのも面倒だ、自分で売るのも面倒臭い。そんなことに時間を奪われるよりも、友だちとどこかへ遊びにゆきたい。観たい映画もある。さてそこで、友人や親類、ご近所さんなど、だれか身近にいる人に「ねえ、これね、うちじゃあ使い道がなくて、あなたよかったら、もらってくれない」と訊きまわる。

しかしこれは往々にして「ありがた迷惑」になりがちだから要注意だ。

考えてみれば図々しい。

「この缶詰、賞味期限が切れているけれど、まだまだ食べられるわよ」といいながら自分では食べず、賞味期限のことは黙っておいて「どう、おいしいでしょう。あなたぜんぶ食べていいのよ、私食べないから」とやっているようなものだ。

まだ日本が貧しくてモノが不足していた時代ならいざ知らず、自分が「使い道がない」というモノを、はたして喜んでもらってくれる人がいるのかどうか。

ちなみにいっておけば、これは聞いた話だが「リサイクルして有効活用させてもらいます」と引き取られていったモノも、その大半は焼却処分、埋め立て処分されてしまうのが、残念ながら現状であるそうだ。

さて、「もったいないから捨てたくない」という気持ちはわかるが、「もったいない」にも色々と問題があるということを述べてきた。

まとめておこう。

●「もったいない」は、徹底的にモノを使いきる技術、使いきって捨てる技術である。捨てないで、取っておく技術ではない。

●モノは使わないでいると品質が悪くなっていく。モノを大切に思うのであれば「使うのは、もったいない」などと考えず、どんどん使い込んでいくほうがよい。

●使い込むことで、モノへの愛着が生まれる。次々と新しいモノに買い替えていくよりも、たとえボロボロガタガタのモノであっても、愛着のあるモノに囲まれて暮らすほうが、人間幸せである。

●「捨てるのは、もったいない」でリサイクル業者を探す。インターネットなどで、自分で売ろうと思う。もらってくれる人を探す。しかしそれは面倒なことだし、ときにありがた迷惑にもなりやすいことを、おぼえておこう。

●「もったいない」は、自分のできる範囲で実践しよう。できないことは、しようと思わないこと。そのときは、いさぎよく捨てること。

●自分にできないことをしようと思うと、「もったいない」でモノを疎《おろそ》かにすることになる。ムリは禁物。

「捨てられない」のは老化現象のひとつ

私は「捨てられない」というのは、人の老化現象のひとつだろうと考えている。

人間、年を取ると、だんだんモノを捨てられなくなる。「思い出のある品物だから」と年寄りはいうが、なに、そんなことはない。ほんとうのことをいえば「捨てる」ことが、ただ億劫《おっくう》なだけ。「捨てるのなんて簡単なことじゃないか」というかもしれないが、仕分けをし、紐《ひも》で縛り、梱包し、もち運んでいく、これだけでもそうとう億劫なのだ。いや、そんな肉体的なたいへんさよりも、精神的に億劫なのかもしれない。

私も四谷から府中へ大引越しをしたときは、たいへんだった。なにしろ長年暮らしてきた家である。それでなくてもモノがたくさん溜まっている。捨てなければならないモノも、たくさんある。のみならず父の茂吉に関係するモノも膨大にある。自分のモノならいざ知らず、茂吉のモノとなるとおいそれとは捨てられない。これは捨てていいモノか、保管しておかなければならないモノか、よくよく吟味しなければならなかった。そのことを考えるだけで億劫になり、ヘトヘトになってくる。実際に作業に取りかかってヘトヘトになったわけではなく、考えるだけでヘトヘトになってくるのだ。

おかげで私は、うつ病になりかけた。名づけて、引越しうつ病である。おかしなことだが、そんな私がうつ病になりかけただけで、実際にはならずに済んだのは、引っ越してしまったからである。

行動に移してみれば、なんのことはないのである。

考えることが億劫なのだが、これも老いて気力がなえた証だったのだろう。ところでまだ若いのにモノを捨てるのを億劫がり、至るところに不要なモノを溜め込んでいるあなた。

すでにあなたには老化現象がそうとう進んでいますよ、といっておこう。スポーツクラブにでも通い、体を動かし汗を流すことをしたほうがいいのではないか。食事も栄養のバランスのいいものを、三食きちんと摂るようにすることと。

なんにでも好奇心をもち、新しいことにチャレンジするよう努めることも大切だ。趣味をもつのもいい。

家に閉じこもるのは、よろしくない。外出する機会を増やし、人間関係も広げてゆこう。そうやって若返り対策でもやれば、いや心身年齢を実年齢の状態に戻す努力をすれば、「捨てる気力」もよみがえってくる。

身の回りの整理整頓もできるようになる。

小ざっぱりとした暮らし方をできるようになる。

たとえ年を取っても、要らないモノはどんどん捨てて、いつも身の回りをきれいにしていられる人は、まだまだ気力が充実している。心身ともに若い証なのである。

「捨てられない」のは、心が弱っているから

老化現象が進んだ人も「捨てられない人」だが、心がストレスだらけになっている人も、やはりそうである。捨てられない。

働きすぎて、ちょっとお疲れなのではありませんか。

毎日残業続きではありませんか。休日出勤までしているのではありませんか。

人間関係で悩み事があるのではありませんか。

仕事にプレッシャーを感じているのではありませんか。

そうとうムリをしているのではありませんか。

思い当たるということがある人は、自分の身の回りを見渡してみればいい。要らないものが、そこらじゅうに散乱しているのではありませんか。

その散乱したモノを片づけるにも、片づける気力が出てこないといった状態なのではありませんか。

いい換えれば「捨てられなくなる」「片づけられなくなる」というのがひとつ

のバロメーターになる。

「忙しくて、整理している暇がないんですよ」という人もいるが、おそらく、ただ忙しいからだけの理由ではない。

忙しすぎて、そのストレスのために気力がなえている、心身が衰えてきている兆候が出ているのだ。

「捨てられなくなる」「片づけられなくなる」は、いまのままの状態を放っておくと、たいへんな病気になってしまいますよ、怖いですよ、というシグナルでもある。

要注意。ムリをするのをやめることである。休日には、しっかり休むこと。あまり思い込まないことである。

そうやって、「きょうはゴミの日だったな。要らないモノは捨てるとするか」という気持ちが自然にわいてきたときには、まあ、心に溜まっていたストレスもかなり解消されてきた証となる。

自分の身の回りが、いつもきれいに整理整頓されている状態にある。要らないモノが散らかっていることもない。それは心身ともに、いま自分は健康だという証でもあるのだ。

自分の身の回りを見て、自分で自分の健康チェックをすることができる。しかも、いつでもできる。お金もかからない。

日頃の手軽な健康チェックとして、きょうから「捨てる」「片づける」を実践してみよう。

3章

仕事ができる人には、「捨てる習慣」がある

私が見た、モノを捨てられない人たち

「四十歳をすぎたら、自分の顔に責任をもて」といわれる。

若いうちは、いいのだ。やる気がない人であっても、瞳はキラキラと輝く。だらしのない暮らしをしている人であっても、肌はツヤツヤとしている。内面的なものも、暮らしぶりも、若さでなんとかカバーできる。

ところが四十すぎると、そうはいかなくなる。

隠せないのはシワやシミばかりではない。その人の内面性や生活面も隠せなくなるのだから、怖い。

やる気のない人の瞳は、生きているのか死んでいるのかわからないような感じとなり、だらしのない暮らしをしている人の肌も、それなりに色つやが悪くなる。

その人の顔に、その人がどんな考えをしているか、どんな生活をしているかが浮かび上がってくる。

だから「四十歳をすぎたら、自分の顔に責任をもて」なのだ。それまで自分がどうやって生きてきたかが、顔に現われてしまう。顔は怖い、そう心得よ。ところで私は、「四十歳をすぎたら、自分の仕事机の上に責任をもて」ともいいたい。

仕事机の上も、あなたの顔と同じである。やはり、いま何を考えているか、どういう暮らしをしているのかが、自然と現われてくる。

ある上司がいっていたが、たとえば「こんな仕事、やってられるか」と不満をもっている部下の机の上は乱雑になりがちだという。いくら注意をしても片づけられない。自分の身の回りを散らかすという行為は、一種の反抗心の表われだそうだ。

また私生活が乱れがちな人の仕事机も、やはり乱れがち。何があったのか知らないが、心が上の空状態で、整理整頓どころではなくなっている証なのだという。

この上司、なかなかの心理学者のようであるが、私も「捨てられない人」「片づけられない人」の心理学的な人間観察を、いくつか述べてみたい。

私の見るところ、仕事机の上に不要なモノがいっぱい散乱し、それを捨てたり片づけたりする様子もなく、ほったらかしにし、平気でゴチャゴチャした机で仕事をしているような人は……箇条書きにしておく。

●捨てられない人は、集中力がない人。
●捨てられない人は、もの忘れが多い人。
●捨てられない人は、いつもバタバタの人。
●捨てられない人は、甘えん坊の人。
●捨てられない人は、人間関係がヘタな人。

……さて、私なりにこう思う理由を述べる。

「ここぞというとき」仕事に集中するために、捨てる

仕事机の上がいつも散らかっている人は、あきっぽい人だ。集中力が長続きしない人であり、そのせいで仕事にふり回され、日々忙しい人である。

パソコンに営業経費の数字を入力しているときに、チラッと横を見れば、お昼休みにコンビニで買ってきた雑誌の広告に、人気俳優がいま新作映画の撮影中だという記事が目に入る。「どれどれそれで、どんな内容のドラマなんだろう」としばし、雑誌に読みふけっているところへ、「○○さん、ちょっと」と上司に呼ばれる。

さてふたたび自分の机に戻ってきて、気を取り直して「仕事、しなくちゃ」。しかしパソコンへの入力業務をさっきどこまでやったのか、どこから始めればいいのかわからない。「えーと……」と資料とパソコンの画面を見比べているときに、机の横のほうに置いてあったペットボトルを手に引っかけてひっくり返す。水が隣の人にかかって「ちょっと、何やってるのよ」「あ、ごめんなさい」「注

意してよ」「だって、いま」とやっているうちに、先ほど上司から受けた指示をメモしておいた紙片も失《な》くなっている。

あれ？　あれあれ……で、また始めからやり直しとなり、とても忙しいのである。ドジな人は大忙し……で、仕事は一向にはかどらない。仕事に集中できるわけもない。

職場には、たくさんの人がいる。四方八方から話し声が聞こえてくる。上司に呼ばれる。急な仕事を任される。電話は鳴る。突然の訪問者もある。それでなくても気が散る環境ではある。だからこそ、ここぞというときは集中してどんどん仕事を進めてゆかなければ、あっという間に日が暮れるのだ。

そんな「ここぞというとき」に、それでなくても気が散りやすい職場において、みずから仕事机の上を散らかして仕事に集中できない環境を作っているのだから、困る。

仕事に集中するためにも、仕事机の上から不要なモノは一掃せよ、だ。昼休みに読んだ雑誌など、仕事が始まる前に捨ててしまうこと。

雑誌のほかにも、捨てていいものがたくさん机に積み上がっているのではありませんか。この際、ぜんぶ捨ててしまいなさい。「ドジな人」の要因となるようなモノは、自分の周りから極力排除してしまうこと。

仕事ができる人は、いつも身の回りをきれいさっぱりとしている。いってみれば「仕事への準備」ができている。

働きやすい職場環境のためにも、捨てる

職場の休憩室に、ひと月もふた月も前の、ときには半年近く前の雑誌までが積み上がっている光景を見かけることがある。

だれかが読んで、ほかに読む人がいるかもしれないと思ってそこに置いていくのだろうが、そのような気遣いは不要なのではないか。自分が読み終わったら捨てればよい。そうでないと休憩所が古紙置場になっていく。

また、だれも読まない雑誌が積み上がっているのだから、気づいた人が捨てれ

ばいいと思うのだが、だれもが、見て見ないふり。

仕事机のように自分専用の場にあるモノであれば、自分の判断で捨てることができる。しかし休憩室のように共有の場にあるモノは、自分の判断で捨てていいのか悪いのか迷うということなのかもしれぬ。

これはある意味、上司の仕事なのではないか。

共有の場に積み上がっている不要なモノは、上司が責任をもって捨てること。

傘置場に溜まっている、だれのものかもわからぬ傘しかり。

コピー機の横に置いてある、これもだれのものかもわからなくなった国語辞典しかり。

ロッカーの上に置いてある、使い道のない資料の山しかり。

ときどき職場を巡回してみて、こういった不要なモノを捨てていくこと。

そういう仕事を部下に任せても、部下は判断に困る。それよりも、ここは上司の判断で、さっさと捨てていくこと。これも社員に働きやすい環境を作る、上司の仕事であろうと思われるからだ。

「うっかり忘れてました」を防止するために、捨てる

仕事机の上が散らかっている人は、頭の中も散らかっている。

そのために、よくもの忘れをする。

約束していた仕事を忘れ、約束していた期日を忘れ、約束していた買い物を忘れ、電話する約束をしていたことを忘れ、資料を送る約束をしていたことを忘れる。そうやって人に迷惑をかけている。

当然のことながら、周りの人からは信用されなくなる。「あの人って、だらしのない人なのよ。大切なことは任せられないわよ」「そうよ、あの人がだらしないのは、机の上を見ればわかるじゃない」なんて噂が立つようになる。

「私の机の上がゴチャゴチャなことと、私が忘れっぽいってことと、どういう関係があるのよ。むりやりに、こじつけないでよ」と反論したくなる気持ちもわかるが、やはり机の上と忘れっぽさには相関関係があると、私も思う。

理由、その一。机の上が散らかっていると気も散って、大切なことをつい忘れる。

理由、その二。机の上が散らかっていると、備忘用のメモがいつの間にか、どこかに消えてしまうことがよくある。

一度、机の上をこまめに整理する習慣を、ひと月ほど続けてみてはどうか。「あ、うっかり忘れてました」といったトラブルが奇跡的に減少するはずだ。「要らないモノは捨てる」ことの効用が実感できる。

ところで大切な用件はメモに書き、どこかよく目につくようなホワイトボードか何かに張り出しておくという人もいるだろう。

私はボードではないが、食堂の鳥にくわえさせておくことにしている。鳥とはいってももちろんホンモノではなく、口でパチンとメモ用紙を挟んでおくための物だ。食事のときにチェックして「うっかり」が起こらないように注意しているわけだ。

さてそのとき、それこそうっかり忘れがちなことがある。大切な用件のメモをそれにくわえさせておくことは忘れないのだが、必要のなくなったメモは破り捨てておくということを忘れがちなのだ。

これを忘れていると鳥の口がメモ用紙でゴチャゴチャになっていき、大切なメモを見落とす原因にもなりかねない。要注意である。

ボンヤリしているから机の上が散らかるのか

野口悠紀雄さんの著書、『「超」整理法3』の中に、こんなことが書かれている。

「学者の仕事部屋は、とくに乱雑だ。エール大学における私の指導教授の研究室は、論文や書籍が机の上からはみ出して、直接に床の上に置いてあった。だから、入口のドアから教授の机までたどり着くのは、曲芸だった」。

私自身、大学病院に勤務していたこともあり、ある私立大学で教鞭をとっていたこともあるから「学者の仕事場の乱雑ぶり」は、よく知っている。これに関しては古今東西変わりがないようで、ゴミ集積所といいたくなるくらいの乱雑ぶりだ。

さて、なぜここで大学教授の話をもち出したかというと、とかく学者というのは、忘れっぽい、ボンヤリしている、ということで笑いの種にされることが多いからだ。

こんなジョークがある。

ある学者がレストランへいって、そこを出ようというとき、給仕が声をかけた。

「先生、何かお忘れではないですか」

学者はムスッとして、

「いつも通り、チップは渡したぞ」

「いいえ、お食事を召し上がるのをお忘れになって、お帰りになろうとしています」

こんな話もある。

学者が家に帰ってきたが、朝もって出た傘をどこかに置き忘れてきて、どこに置き忘れたのかもわからないという。

そこで奥さんが、「それじゃあ、どこで傘がなくなっていることに気づいたんですか」と問うた。その学者先生、答えていわく、

「雨がやんでね、さあ傘を畳もうかと思ったんだが、そうしたら手に傘がないこ

とに気づいたんだ」

雨がふっても、雨に濡れても、傘を差すことすら忘れ、雨がやんでやっと自分がどこかに傘を置き忘れてきたことに気づいた……と。

なぜ学者というのは、こう忘れっぽいのか、ボンヤリしているのか。研究テーマに没頭するあまり、いつも心ここにあらずだからか。

そういう考え方もできるだろうが、やはり私はそれ以上に、乱雑な生活が影響しているのではないかと思う。

身の回りの散らかし放題が原因なのではないか。「乱雑性物忘れ症候群」とでも名づけたいように思うのである。

これについては、もう少し話を続けたい。

散らかった机のほうが、いい仕事ができる？

夜型人間は「夜のほうが集中力が増し、仕事がはかどる」という。だから夜働いて昼はボンヤリしている。小説家や画家といった自由業に就いている人には、このタイプが多そうだ。

しかし、ある脳の専門家にいわせると、これは大きな勘違いなのだそうだ。ためしに被験者を募って、夜と昼、簡単な計算問題をやらせる。解答できた計算の量と、正解率にどのような差が見られたか。

ほとんどの人が昼にやったほうが、夜やったときよりも、たくさんの計算をこなすことができ、また正解率も高かった。

つまり昼のほうが、人間の脳はよく働いている。そして夜は人間の脳は活動がにぶる。昼によく働き、夜になったら休むという、自然なリズムが人の脳にはでき上がっているのだ。

「夜のほうが仕事がはかどる」という人たちに同じ実験をやらせてみたら、やはり結果は同じだという。実際には昼のほうが、脳はよく働いている。

そうなると夜型人間が「夜のほうが」というのは本人の大きな勘違い、ただの思い込みということになってくる。

それと似たような「思い込み」が、何かと散らかし放題にしたがる人にもあるのではないか。

ある人いわく、「身の回りが散らかっているほうが、気持ちが落ち着く。あんまりきれいに片づけられていると、かえって気持ちが落ち着かなくなるんです」。

またある人いわく、「モノが散乱している机のほうが、思いがけない、いいアイディアがひらめくような気がします」。

いやいや、これも「思い込み」にすぎないのではないか。

これも私の見てきたところからいえば、たとえば学者の仕事部屋が散らかり放題になってゆくのは、たいがいは仕事にゆき詰まっているからである。

「朝から机にかじりついているのに、ちっともアイディアが浮かばない。ああ、どういうことだ」と、気持ちがいら立っているから。

レストランに入ったのはいいけれど、食事をするのを忘れて出てくるような先生。雨がふっているのに、傘を差すのを忘れているような先生。そんな散らかり放題の仕事部屋で働くボンヤリ先生に、いいアイディアが浮かぶと思いますか？

気持ちが落ち着くというのは、ただ思考力が落ちて、頭がボンヤリしているだけのことなのではないか？

諸君も、そんなボンヤリ先生の真似をするようなことはおやめなさい。発想がひらめくどころか、能率や意欲を停滞させてしまう恐れのほうが大だ。

気持ちが落ち着くどころか、仕事がうまくゆかず、「うっかり忘れてました」で上司から叱られ、ストレスを溜めるばかりだろう。

スケジュールから、いらない用件も捨てる

何かと不要なモノを溜め込む人は、「どうでもいいような用件」を溜め込む人でもある。手帳はいつも予定でいっぱい。芸能人でもないのに、分刻みのスケジュールをこなしている。

とはいっても暮らしに充実感があるわけではない。毎日がバタバタとすぎ去ってゆく。自分でも何をしているのか、自分はいったい何をしたいのか、よくわか

らない。忙しいが、むなしい。

きっと、そんなあなたは、人から「これあげる。これもらってくれない」といわれるモノはなんでもかんでも「ありがとう。ちょうどほしかったのよ、これ」と喜んでもらってしまう習癖があるはずだ。

そうやって身の回りには、どうでもいいようなモノが溜まってゆく。周りの人たちからは廃品回収業者のように見なされてゆく。

それと同じように、人から「ねえ、あなたもいかない。つき合って」と誘われることにも、ふたつ返事で「いくいく、私も」と答えてしまう人だ。

だから「どうでもいいような用件」を溜め込んで、バタバタと慌《あわただ》しい暮らしを送ることになる。

もう少し、ゆとりのある生活を送りたいと願っているのであれば、まずは人が「あげる」というモノを、もらうのをやめることから始めたらどうか。

それと同時に、人からのお誘いにも、ふたつ返事でＯＫといわないようにすること。

「ちょっと考えさせて」といっておいて、そのことへの自分の関心度と、時間的な都合をよく勘案しながら、「ぜひ、いきたい」ということだけ、「先日の件だけど、私もいくわ」と答えればいいではないか。

一度「いく」と約束したことでも、ちょっと忙しすぎて心も体もつらくなってきたときは、正直にそのことを打ち明けて「ごめんね」と予定をキャンセルしたっていいではないか。

手帳から、捨てられる用件は捨てる。

これは、ゆとりのある暮らし方をするコツだろう。

「捨てる」と、大人としての自覚が芽生える

「捨てられない人」「片づけられない人」は、精神的に大人になりきっていないところがある。遊んだオモチャをそのままにして、どこかへ遊びにいってしまう子供のようなところがある人なのだ。

きっと職場では、同僚から「ちょっといこうか、ビールでも」と誘われれば、「いいね、いこう」と机の上のやりかけの仕事はそのままにして、さっさと職場をあとにしようとして、上司から「帰るんなら、机の上をきれいにしてからいけよ」と叱られているに違いない。

身の回りがゴチャゴチャしているほうが「なんだか気持ちが安らぐんですよねえ」という人もそうだ。その人にあるのは、幼時回帰願望である。

子供はモノを片づけることができない。いつもゴチャゴチャした環境の中にいる。そういう子供の頃に慣れ親しんだ環境に戻りたいという願望。

こういう人はまた、見かけは立派な大人なのかもしれないが、甘えん坊だ。

仕事などで、ちょっとつらいことがあると、「ぼくには、できません」と簡単に投げ出してしまう。「だれか手伝ってもらえませんか」と、すぐに泣き言をいう。

言い訳がましい、という一面もある。

自分の仕事の失敗を「すみませんでした。私の責任です」といえないのだ。なんだかんだ、クドクドと言い訳をする。

我ながら情けないと思わないのだろうか。

これでは先が思いやられると、ご自身でも思わないのだろうか。

もし思うのであれば、こまめに「捨てる」「片づける」という習慣を身につけることだ。それが大人として自立するきっかけとなるだろう。

機会があったら、あなたの働く会社の社長の机を見せてもらえばいい。きっと不必要なモノは一切なく、きれいに整理整頓された机で仕事をしていることだろう。

自立した大人の自覚を欠いて、仕事机をゴチャゴチャのままにした状態で、この世の中で出世してゆく人など、まずありえない。

出世する人、頭角を現わす人、大活躍する人……みなさんモノの捨て方、片づけ方が上手という点で共通している。

「捨てる」「片づける」というのは、子供っぽい甘えを捨てて、大人として自立する人間修行にもなる。

出世する人は、そういう人間修行ができている人だ。

職場で円満な人間関係を築くために、捨てる

「捨てられない人」「片づけられない人」は、わがままな人だ。自己中心気質というのか、他人のことを考えない。散らかっていることを注意すると必ず、「自分の机の上を散らかそうがどうしようが、自分の問題なんだから、周りの人になんて関係ないじゃない」というのが、その証だ。

ゴチャゴチャになった机の上を見せつけられるだけで、周りにいる人たちはイライラさせられているのだ。

のみならず、しょっちゅう「あれがない、あれはどこへいった」とバタバタしながら、あっちこっちをひっくり返している様子を見せつけられたら、たまらない気持ちにさせられる。周りの人がそんな状態になっていることに、まったく無頓着なのだから、やっぱり自分の都合しか考えない人なのだ。

だから、しょっちゅう人とトラブルばかり起こしている。

やる気がなく、約束したことはよく忘れ、バタバタと落ち着きがなく、言い訳

がましい。さらにその上に「ちょっとねえ、机の上、片づければ」「よけいなお世話だ。ほっといてよ」といった口論もする。これでは周りの人とうまくやっていけるわけがないではないか。

「捨てる」「片づける」は、自分のためのみならず、人のためでもあるのだ。

「捨てる」と、心身ともに健康によい

禅宗では「掃除する」ことが修行のひとつになっているという。朝早く起き、座禅をし、朝食を摂り、あとはひたすら埃《ほこり》を払う、掃き清める、雑巾がけをするというのが、禅寺での修行僧の暮らしなのだそうだ。

身の回りを清めるということが、自分自身の心をも清める、また人間修行につながるという考え方がある。

「掃除」の心理的効果というのは、たしかにあるのだと思う。

たしかに私たちの日常生活の中でも、たとえば仕事机の上に溜まっていた不要

なモノを捨て、書類を整理し、文房具などは所定の場所へ戻す。

そしてきれいさっぱり片づいた机の上を眺める。

それだけでも、なんともうれしい気持ちが自然とわき上がってくるのを感じるものだ。心が軽くなった気分。

そして大げさではなく、自分が人間としてひとつ成長した感じがするなあ、という気持ちもしてくるのだ。

引きこもりや、うつ病の患者さんを、治療の一環として公園や河川敷の清掃ボランティアに参加させているところもある。

ゴミやペットボトルを拾って、ゴミ袋に集めて捨てるのだが、そういう行為がストレス解消となり、前向きな考え方ができるようになる。

体を動かし適度な運動になるというのも、心の健康のためによい。また参加者のみんなと協力してやることで、閉じこもっていた気持ちが解放されることも期待できる。

ちなみに私の家でも、家族のコミュニケーションをはかるために、家族総出で大掃除をすることがある。それぞれ役割分担を決め、協力し合って家をきれいにするのだ。掃除で汗を流したあとの一杯のビールの、なんとおいしいこと。自然と、みんなの顔に晴れ晴れとした笑みが浮かぶ。

そういえば知り合いがいっていたが、彼は、家の掃除をし終わった女房の顔を見て、いつも惚れ直すのだそうだ。

きれいになった部屋を見まわしているときの女房の清々しい顔、満足そうな表情を見ていると、連れ添って四半世紀の古女房ではあるが、しみじみと「きれいだなあ」と実感するのだという。この気持ち、世の亭主族であればどなたでも一度や二度は味わったことがあるのではないか。

私の女房も大の掃除好きで、暇さえあればハタキとホウキをもって部屋のあちこちを歩きまわっている。そういう掃除の心理的効果によって、いつもほがらかでいてくれる。私もそんな女房を見て、日々ありがたいと思っている次第。

いいことが次々起こる、「捨てる」の効果

少し話がずれたが、要らないモノを捨て、身の回りをきれいにすることは、こんなにすばらしい効用があるのだといいたいのである。

その心理的効果を簡単にまとめておこう。

●ストレス解消となる。
●気持ちが前向きになる。
●いい運動になる。
●集中力が増す。
●信頼される。
●出世する。
●人との協調性が生まれる。
●美容によい。

「捨てる」も「片づける」も、私たちが日々の暮らしの中で、さして意識することもなくこなしていることだ。

しかしこれを大いに意識して、きっちりとやっていくように心がけることだ。大げさなことを考えたり、やったりする必要はないのかもしれない。それだけで十分に人生は上昇気流に乗り、幸せがもたらされる。

しかし怖いのは、この暮らしの基本的なことを疎かにすると、たちまち私たちの人生は悪い方向へと傾いていくところだ。

基本が大事とよくいう。

では、生活の基本とは何か。

けっして「溜める」ことではなく、「捨てる」「片づける」ということであるように思う。

4章

「タンスの肥やし」には女心が詰まっている

ブランド物を買った、私の大失敗

上手な買い物のコツをひとことでまとめるとしたら、私なら「マイペース」といっておきたい。どういうことかというと、

●自分が本心からほしいと思うモノだけを買う。
●流行や、人の言動には惑わされない。
●広告の、魅力のある言葉にふりまわされない。

あくまでも自分は自分のやり方でいくぞ、ということだ。

しかしこれが、言葉でいうのは簡単だが、実践するのはむずかしい。

自分にも、よくわかっている。

むかしイギリスの有名ブランドのコートを買ったことがある。そのブランド名に惹《ひ》かれての衝動買いである。このコートを着ていれば、自分もイギリス紳士の

ように、かっこいいぞ、ダンディだぞと、そんな下心もあったのだ。

さすがに紳士の国イギリスからやってきたコートだけあって、仕立てもよろしい。しかも当時としてはまだ日本ではあまり知られていなかったブランドだったから、これを着ている人も少ないだろうと思われた。

それが思惑はずれだった。

さっそく得意になって着て出かけたが、乗り込んだ新幹線の同じ車両に、私と同じコートを着ている人が何人かいる。なんだか一気に興ざめであった。

それ以来そのコートに袖を通すこともなく、まったくもって「ムダな買い物をしてしまった」と、苦い気持ちで思い出す。

まあ買い物というものは「他人ペース」でやると、えてしてあとで痛い目にあうようである。

「他人ペース」とはつまり、私のこのムダな買い物のようなこと。自分がそのモノを好きと感じているかどうかなどは横に置いておいて、ヘタな下心を起こして、人に見せびらかしたいばかりにブランド物を買うといったことである。

いま思い返しても悔しくて、ここで話を終わらせるわけにはいかなくなった。もう少し続けねばなるまい。

「流行に遅れたくない」心理が後悔の元

「いま流行している」と聞くと、そのモノがほしくなる。

実際に使いこなせるかどうかは別にして、ともかく手許に置いておきたくなる。これも「他人ペース」の買い物だ。そして、えてしてムダな買い物となる。

そういえば、むかし家庭用餅つき機なんてモノがあった。発売当時は、大流行だった。我が家も我もと、買い求めた。

炊き立て、つき立ての、おいしいお餅をご家庭でも作れます、という宣伝文句に、みなさん惹かれたのだ。

しかし多くの人たちが、餅なんて正月を除き、そうしょっちゅう食べるものではないこと、そして機械が自動で餅をついてくれるのだから、これは楽だと思っていたが、結局お店から買ってくるほうがもっと楽だということに「買ってから」気づいたのだ。

こんな簡単なことを、なぜ買う前に気づかなかったのかと思うのだが、そこに流行の魔力がある。

その魔力に引き込まれて、買ったはいいが使ったのはその年だけ。翌年からはお蔵入りしたまま出てこない、ということになってしまった。

まあ家庭用餅つき機ばかりではないだろう。

流行しているから、ブランド物だからということで、つい購買意欲を刺激されてモノを買う。買うのはいいが、利用することもないまま家のどこかに溜まっていく。

その溜まったモノに費やしたお金を合計してみれば、いったいいくらくらいになるか。たぶん、どこかの高級ホテルで家族みんなで晩メシを食えるくらいの金額になっているかもしれない。ひょっとしたら二泊三日の温泉旅行に匹敵するくらいの金額になっているかもしれぬ。

それだったら、「うまいものを食べたほうがよかったな。温泉にゆっくりつかっているほうがよかった」と反省すること、しきり。

そんなふうに家のどこかに、もったいないお宝を眠らせたままにしているご家庭も、我が家も含めてさぞ多いことだろうと想像するのだ。

茂太流「ムダ買いの禁《いまし》め」

とはいえ私たち人間には知恵がある。

失敗から教訓を得て、同じ失敗を繰り返さないようにするのが、人間の知恵だ。

失敗は成功のもと、たくさん失敗をしながら、人は買い物上手になってゆくと、ここは前向きに考えておきたい。

そうすれば要らないモノを家に溜め込んで、四苦八苦することもなくなる。

さて私自身、たくさんのムダな買い物をし、着ないモノ使わないモノを家の中に溜め込み、しょうがなく捨てる、ということを恥ずかしながら幾度となく繰り返してきた。ゆえにいま、私の中には教訓といえるものがたくさんある。まずはそれを、ここで列挙しておこう。

●モノを買うときは、イマジネーションを働かせよ。
●ほしいモノはひと呼吸置いてから買っても、遅くはない。
●モノはその置き場所を決めてから買うべし。
●そのモノを実際に使っている人の意見を訊いてみよ。
●ローンの支払いが終わらないうちは、同じモノは買うな。
●同じアイテムばかり買い揃える愚行はやめよ。
●日記代わりに、家計簿をつけよう。

以上。順を追って、詳しく説明していこう。

自分の頭で、想像力を働かせて買う

家の中に必要のないモノを溜めないコツは簡単なことで、必要のないモノは買わなければいいのである。

とはいえ、私たちはついつい必要のないモノを買ってしまいがちだ。

たとえば、こんなことがある。

ブティックの店員から「お似合いですよ、とっても」とおだてられて、ついその気になって「じゃあ、いただくわ」。ところが、家で試着してみると、なんだか自分には似合わない。返品したいが、「返品ですかあ、マイッタなあ」といった目つきで見られるのが嫌で、タンスに押し込み、そのまま「肥やし」になっている。

こんなこともあるのではないか。

職場のお昼休み、同僚のひとりが熱心に英語の参考書を読んでいる。聞けば、ひとりで海外旅行へ自由にゆけるようにと英語の特訓中なのだという。そんな同僚の姿に「かっこいいわ」と感銘し、自分も英語の勉強を始めようと職場の帰りがけに書店でどっさり参考書を買い込んできたのはよかったが、勉強は三日坊主。参考書は「開かずの本」となったまま積み上がっている。

こんなこともある。

友人同士でいった京都旅行。みやげ物屋で「さて、何を買っていこうか」と迷っているところ、友人のひとりが清水焼の壺に「きれいねえ、これ。いいわねえ、これ」と盛んに感心している。「私、これ買っていくわ。ちょっと値段は高いけど、いいもの、これ」という友人に乗せられて、つい「じゃあ私も、これ買っていこう」となったのだが、帰宅してから気づいた。

我が家には、こんな立派な壺を置く床の間もないし、そこらじゅう散らかり放題で、こんな壺に花を活けて飾っておくような風雅な家ではないのだ。結局清水焼の壺は、旅のいい思い出としてお蔵入り。蔵の中で宝のもち腐れとなっている。そのうち、「ある」ことさえ忘れてしまうだろう。

さて、なぜ、このような失敗をすることになるのか。

私は、イマジネーションが足りないからだと思う。イマジネーションが足りないから、いま述べたような衝動買いをして、家の中を必要のないモノだらけにし、狭苦しい思いをしながら暮らしていくことになる。

人に勧められて、何も考えずに買う。人がもっているモノが羨ましいというだけで、何も考えずに買う。人がそれを買ったから自分もという理由だけで、何も考えずに買う。これがいけない。もっと想像力を働かせよ、だ。

そこでちょっと、その洋服を着た自分の姿を想像してみればよかった。それほど勉強好きでもない自分が、はたして仕事に疲れて家に帰って、参考書を手にできるかどうか、思い描いてみればよかった。我が家に清水焼の壺を置く場所があるかどうか、思いをめぐらしてみればよかったのだ。

ちょっとイメージしてみれば、ムダな買い物をしないでも済んでいたはずだろう。想像力を働かすのは買い物上手になるコツ、ムダな買い物をして、あとで悔しい思いをしないで済むコツである。

「買います」という前に、深呼吸して十数える

必要なモノは、買えばいい。ほしいモノがあれば、買えばいい。お金のムダ遣いをするなとはいっても、たんに倹約しなさい、といっているわけではないのだ。ケチになれ、と説いているのではない。

ひとりの老人が、耳が遠くなって、補聴器をつけることにした。しかし補聴器の値段を聞いて、あまりに高価なのに驚いてしまった。

そこでラジオのイヤホーンを耳に突っ込んでおくことにした。

友人が「そんなことをしてなんの役に立つっていうんだい?」と、ばかにするようにいった。

「いいや、効果大だ。これをつけてからというもの、みんなワシに話しかけるときは、大きな声で話しかけてくれるようになったんだものな。そのおかげで補聴

器なんぞつけなくても、相手の話を聞くのに不自由はしないよ」

こんなジョークもあるが、そこまでケチになる必要はない。

ただし先ほども述べたように「何も考えずに」モノを「いただきます」というのは、よろしくない。要らないモノを溜め込む原因となる。

そこで、ほしいと思っても、すぐには買わない。ひと呼吸置いてみる、という習慣をもつようにしてみたらどうか。

「なんと半額。大セール。だけど、きょうまで」「三日間、限定販売」「二十台限りの大安売り」と、そんな宣伝文句を目にすると、「すぐに買わなくちゃ」と気持ちがあせるのもわかるが、だいじょうぶ、だいじょうぶ。

あしたはあしたで、また大セール、限定販売、大安売りをやっている。ご心配なく、だ。もしやっていなかったら「縁がなかったのね」と、あきらめればよい。人間、あきらめも肝心である。

安物買いの銭失い、という。そんな愚行をしてほしくないから、あえてそういう。

そこで、ちょっとがまんして、ひと呼吸、実際に深呼吸してみてもよい。心の中で十数えてみてもよい。そのあいだに、それを使っている自分、それを着ている自分をイメージしてみよ、だ。

「安売りだから、とりあえず買っとこう」が、安物買いの銭失いのもと。安売りであろうがなかろうが、なんのために買うのか、買ってどうするのかを、しっかりイメージしてモノは買うこと。

行き当たりばったりでは、判断を誤る。

狭い家に暮らすと、買い物上手になる？

モノを買うときは、置き場所のことを考えてみる。置き場所があるモノは買い、置き場所が思い当たらないモノは買い控える。これも要らないモノを増やさないコツといえる。

だが、ただし、とつけ加えておく。

私たちは、収納スペースがたくさんあれば、それだけモノは片づくのだと考えがちだ。

はたして、そううまくいくのだろうか。

広い収納スペースがあるものだから、安心して要らないものをどんどんそこへ放り込んでいく。だからかえってモノが溜まっていく、ということもありはしないか。

ある女性がいっていた。部屋にモノがあふれ返り、しょうがなく収納スペースのもっと広い部屋へ引っ越した。しかしひと月もたたないうちに、そこの収納もいっぱいいっぱいになり、納まりきらないモノがまたあふれ出てくる有様。しょうがないから、また引っ越した。だが、また同じこと。結局これはもう、思いきってモノは捨てるしかないという結論に達したということだ。

だいたいモノを収納するというのは創意工夫がいるものだ。その創意工夫をするのが面倒で、とにかく押し込め押し込めでギュウギュウ詰めにして、しまったモノを使いたくなっても手前のギュウギュウ詰めにしたモノがジャマになって二度と取り出せなくなる。

奥のモノを取り出そうと思ったら、手前にあるモノもいったん外に出さなければならない。ギュウギュウに押し込められた満員電車は、駅に停車するたびにドア近くにいる人がみんな下車しなければ、奥にいる人が降りられない。それと同じだ。

それが面倒なばっかりに、そのまま手もつけず、収納の肥やしにしてしまうというパターンもよくあるように思う。

それだったら、たしかに結論は「思いきってモノは捨てる」ほうがよいというところに落ち着きそうだ。

ちなみに私も、ときどき仕事机の引き出しを開けて思うことがある。

そこに入っているモノの七、八割がたは、めったに使わないもの。使ったとしても一年に一度か二度、あってもなくてもいいようなモノばかりだ。しょっちゅう使うモノといえば一番上の引き出しの、隅のほうに置いてあるクリップとペンのインクぐらいのもの。

こんなことなら、いっそ引き出しのない机を使うほうが、モノの整理整頓がつくのではないか。なまじ引き出しがあるばっかりに、それに安心して要らないモノばかり放り込む。引き出しがなければ、否応なく要らないモノは捨てる決心をせざるをえなくなるだろう。

家も、そうではないか。収納スペースは「安心できないくらい」狭いほうが、よろしい。モノの置き場所がないぐらいのほうが、ほんとうに必要なモノを厳選して買うようになる。不要なモノが一方的に溜まってゆくこともないだろう。あえて収納スペースの狭い家で暮らす、これも買い物上手になるコツではないか。

ほしいモノがあったら、実際に使っている人の意見を訊く

上手な買い物をする際に大切なことは、イメージしてみるということ。

そのために、そのモノを実際に使っている人の意見を訊くという方法もある。

インターネット上には、日用品の「使い心地」を報告するサイトがあって、人気を集めているという。

残念ながらパソコンのできない私には見ることはできないが、商品の宣伝文句を信じて購入した場合、実際使ってみると、

「何よ、これ。ぜんぜん違うじゃないの」

ということは少なくないらしい。

その点、そのモノを実際使っている人の意見は参考になる。

もちろん人と自分との価値観の違いもあるし、使う目的も同じではないから、全面的に信じることはできないのだろうが、しかし判断材料としては大いに参考になるだろう。

ともかく一般の人たちの生の声が聞けるのがインターネットの便利な点で、たとえば本を買うときも、それを読んだ人たちの感想を探し出してくることができる。

どこかに旅行しようと思ったときは、旅行先の土地の、それこそ観光ガイドに

は載っていないような穴場を紹介してくれる人たちもいるという。そんな話を聞いていると、私もパソコンを勉強してみたくなってきた……。

さて、それはともかく、モノを買うときは、訊き上手、会話上手になることではないか。黙っていないで、お店にいる店員さんへも色々訊いてみたい。「これ売れてますか」「どんな世代の人が買っていきますか」なんでもいい。ほしいというモノをすぐにレジへもっていくのではなく、その前に店員とひとことふたこと会話をかわし「ひと呼吸置いてモノを買う」。そしてそのあいだに「想像力を働かせてみる」ことだ。

これが買い物上手になって、ムダな買い物をしないコツである。

ただし、こんなことをいう人もいる。店員さんに、買おうと思っているモノについて尋ねてみることはいいが、その性能について詳しく知りたいときには面倒でもメーカーに直接問い質《ただ》すのがよいそうである。

店員さんの中には、よく知っているふりをして、間違ったことをいう人がいる。家電製品を買うときなど、要注意だそうだ。

なるほど、そんなこともあるのか。私も気をつけよう。

モノは、家族と相談してから買うというのもいい。家族との会話も、モノのイメージをふくらませていってくれる。

家族との交流の機会も増えて、これもよさそうである。

ローンの支払いが終わらないうちに、新しいモノを買うな

まずは、こんなジョークを紹介しておこう。

一家のご主人がうれしそうに、というよりも、ほっとした顔で、

「ローンで購入したこの家具だけど、やっと来月に払い終えることができるんだよ」

それを聞いた奥さん、瞳を輝かせながら、

「そう、それはよかったわ。これでやっとこの家具を捨てて、新しいモノに買い替えることができるのね」

り。

と、なおもローンの支払いに汲々とする生活が続くのかと、ご主人はうんざ

ところで私は、こういう夫婦であればまだいい、健全な経済感覚をもった夫婦ではないか、と思うのだ。

というのも世の中には、先のローンの支払いが終わらないうちに新しいモノ、新しいモノと買い増していく人だっているからだ。

中には、そうやって雪だるま式にふくらんでいく月々のローンの支払いをできなくなって、夜逃げやら自己破産やらする人だっている。致し方なく家族崩壊に追いやられる人だっているだろう。

そんな人に比べたら、ひとつのローンを支払い終えるまで、新しいモノを買うのをがまんできるのだから、いいではないか。こういうつましい暮らしをしている夫婦なら、家族崩壊の心配もない。

ある主婦が、おもしろいことをいっていた。

主婦というのは自分が何か、こだわりをもっているひとつのアイテムを重複し

て何個も買い揃えてしまう癖があるというのだ。

たとえばワイングラス。湯飲みを買いに食器売場にやってきたはずなのに、デザインや色彩のいいワイングラスがあると、つい手が伸びる。

旅行先でも、よくワイングラスを買って帰る。しかもガラス工芸が盛んだという土地へゆくと、二個も三個もまとめて買って帰る。

だから家の食器棚はワイングラスばかりとなっていく。

もともとワインが好きで毎晩たしなむという人なのだそうだが、子供はみな独立し、いまは夫婦のふたり暮らし。いくらこだわりがあるとはいえ、そう十個も二十個も買い揃えて、そんな必要もあるまい、と彼女自身よく反省するのだそうだが、いいものがあるとどうしてもほしくなってくる。

まあワイングラスのようなモノであれば、ローンを組んで購入するようなモノでもないのだから、ローン地獄に陥って自己破産する心配はないのかもしれないが、しかしそれはそれとして、使いきれないくらい同じアイテムばかりを溜め込んでどうするのかという疑問もわいてくるのだ。

同じアイテムを、なぜか揃えたくなる

同じアイテムを、いくつも揃えたくなる。

ある年配の女性の場合は、カレンダーだそうだ。

だから年末になると、たいへんである。銀行や郵便局など、無料で来年のカレンダーを配布しているところへいくと、必ずもって帰る。つき合いのある近所の電気屋さん、肉屋さん、酒屋さん、花屋さんからも、もらってくる。

その上、街に出かけたとき、掲載されている風景写真か何か気に入ったものがあれば買ってもくる。「日めくりカレンダーには、勉強になる格言がたくさん載っているものね」と、それも買ってくる。

たちまち十本あまりのカレンダーが溜まることになる。

部屋数が十もある大豪邸に暮らしているのなら、まだいい。しかし残念ながら部屋数みっつに台所、トイレに風呂という、ごく一般的な家庭。したがって部屋の至るところにカレンダーが吊るされることになる。玄関にも、トイレにもカレ

ンダーが吊るされている。

この女性も、部屋じゅう、こんなカレンダーだらけにして、いったいどうするつもりなのだ、と反省するときもあるそうだが、やめられない。

さらにこの女性、月がすぎて破り取ったカレンダーも捨てられない。「裏の白い紙をメモ用紙にするから」という理由なのだが、メモ用紙はメモ用紙でちゃんと買い揃えてある。だから破り取られたカレンダーは、そのまま部屋の片隅に溜まってゆくことになる。

ところで私の見るところ、同じアイテムばかり、このようにいくつも揃えたがる人には「倹約家」が多いように思う。

いい換えれば、しっかりした人。

不動産屋の社員に連れられて、新築物件を見にいったある夫婦。

社員が、「どうですか、いい家でしょう。周りはお金持ちばかりです」

旦那さんは、「いい家だけれど、値段もいいなあ。ぼくの給料じゃあ、とても払いきれないなあ」

しかし奥さんは、「周りの家を見てごらんなさいよ。ほんとうに裕福そうな家ばかりじゃないの。お隣からアイロンも借りられそうだし、向かいの家からは包丁やまな板だって借りられそう。お茶を飲みたくなったら、そうね、向こうの家にご馳走してもらいにゆけばいいじゃない」

まあ、こんな笑い話に登場する奥さんくらい、しっかりした人である。

子供の朝シャンに「水が、もったいないじゃないの。きのう、頭は洗ったんでしょう」と文句をいっているような奥さん。

亭主には、「しょっちゅうゴルフにゆくわけじゃないでしょ。せいぜい一年に二、三度なのに、そんな高価なゴルフクラブを買ってきてどうするのよ」と口やかましいことをいっているような奥さん。

そんなしっかりした奥さんが、たとえば掃除道具にこだわりをもっていて、ホウキやハタキを何本も買い揃える。買い溜めしていても、いずれ使うんだからと様々なメーカーの洗剤をいくつも買ってくる。

そんなことをしがちなのだ。

しっかり者の「ダイエットのドカ食い」の心理とは？

それほど高価なモノではない。ワイングラスとか、カレンダーとか、掃除用品であるとか、安価なモノだ。

しかし安価なものであっても、そう何個も不必要に買い揃えてしまったら、やはりお金のムダ遣いになる。

それに置き場所にも困ってくるだろう。要らないモノが家にあふれることにもなる。

しかしなぜ、しっかりした倹約家の奥さんであるはずの人が、どこかでそんなムダ遣いをしてしまうのか。

私は、ダイエットのドカ食いと同じ心理ではないかと推測している。

神経質なほど、ふだんは太ることに注意している。

食事のカロリー数を、食事ごとにいちいち計算し、毎日ノートに記録しておく。食事をする時間帯にも気を使う。

パンにはもちろんバターは塗らないし、ヨーグルトは脂肪分が多いからといって控えている。ダイエットのためには、よく噛んで食べるのがよいというので、時間をかけてほんとうによく噛んで食事を摂るようにしている。

しかし気を使うのは、ストレスになる。気を使えば使うほど、大きなストレスになる。そうやって心に蓄積していったストレスが、ある日突然爆発する。それがドカ食いだ。

それと似た現象が起こるのだ。

ムダ遣いをしないよう、しないようにと、細かいところまで注意を怠らない。家族たちの消費行動にも、そして自分自身にもいつも目を光らせている。

買いたいモノがあっても、がまんする。がまんがまんで、そういうことが知らず知らずストレスとなって、心に蓄積していくのだ。

そのストレスが、ときとして爆発する。それでも安価なモノを買い揃えるというのは、さすが倹約家の奥さんなのだが、同じアイテムを不必要なまでに買ってしまうという行動に走るのだ。

ムダ遣いに神経質になると、かえってムダ遣いをする

女心というのはわからないと、わかっているようなことをいっている男性諸氏。そんなことをいっていていいのですか、といっておきたい。

知り合いの男性は財布を、いくつももっている。デパートにいくたびに、観光旅行をするたびに、どうしてか財布ばかりを買って帰ってしまうのだそうだ。やはり「こんなにたくさん財布をもっていたって仕方ないのにねえ」と、みずから反省しながらも、なかなかやめられない。

この男性も、お昼ごはんに五百円以上するモノは絶対食べないと宣言しているほどの、倹約家だ。

まあ、あまりムリをしないことではないか。

もちろんお金はムダ遣いしないほうがよい。

要らないモノが、家の中に溜まっていくことも防ぎたい。

しかし、そのことにあまり神経質になりすぎると「ストレス性ムダ遣い症候

群」といった現象を引き起こしかねない。

ムダ遣いしない、そしてモノを溜めないということも、自分にムリのない範囲で、自分らしく、ゆとりをもって取り組んでいくのがよい。

5章

モノに囲まれると、心は貧しくなる

「得る」ことより「捨てる」ことに幸せ感がある

長い人生の中で「得る」ことよりも「捨てる」ことのほうが、幸せな心で暮らしてゆくためには大切であると気づくのは、さて何歳ぐらいからだろうか。

人生にはターニングポイントがあるのだ。

いま「得る」ことに夢中になっている、みなさん。あれもほしい、これもほしい、あれも揃えておきたいと、購買意欲に燃えている、みなさん。わずかなモノしかない暮らしなんてみじめだ、モノはたくさんあったほうが幸せだと思い込んでいる、みなさん。みなさんもいずれ、たくさんのモノに囲まれているよりも、必要最低限の、わずかなモノを愛おしんでいく暮らしのほうが、ずっと幸せなことに気づき始める。

とはいえ、そんなに年老いてからの話ではない。

早い人は二十代から。三十代後半から、ぽつぽつ。四十代になれば、もう少しはっきりと。そして五十代になればもう、否応なくそう意識せざるをえなくなる。

むかしであれば五十にもなれば、隠居をしたそうだ。もっているものは財産も何もかも若い人たちに譲り渡して、自分はすべて捨てた身軽な身となって、体ひとつでどこか静かな土地へ引っ込んで余生を送る。

隠居などというと、いまの人たちは、何かうら寂しい、侘《わび》しい、それこそ年寄り臭い印象を抱く人も多いのかもしれないが、それは違う。むかしの人は、もっと前向きでハッピーな気持ちで「捨てた」のだ。

さあ待ちに待った隠居生活だぞ。これからは、好きな酒をうんと飲むぞ。だれはばかるところなく、朝から飲んでやるからな。毎日、寄席《よせ》へも通ってやるぞ。芝居見物へもゆくぞ。春は花見で、夏は舟遊びで、秋は紅葉で、冬は雪見で遊び放題だからな、と意気揚々たる心境ではなかったかと思うのだ。

たしか『菊と刀』のルース・ベネディクトであったと思うが、おもしろいことをいっていた。

日本人は、ひとつには子供の頃、もうひとつには年老いてからの暮らし、このふたつの時期が人生の中でもっとも幸せな時期なのだと感じているようだ。なぜならその時期、あくせく働く必要もなく、世間のしがらみに縛られることもなく、人生でもっとも気ままで自由な暮らし方が許される。気ままさ、自由さに幸福感を味わうのが日本人の人生観だ、というのだ。

一方、欧米人は、人生の中でもっとも幸福だ、充実していると感じるのは壮年期、いわば働き盛りの頃だと思っている。

ばんばん働いて、ばんばんお金を稼いで、いい家に住んで、でかい車に乗って、夢をかなえてゆく。そんな暮らし方に幸せを感じる。財産や地位、たくさんモノに恵まれてこそ、望むことはなんでもできる。

子供の頃は、そして老いてしまってからは、もう財産や地位もない。何かしたいことがあっても実現できない。だから幸福ではないのだ、と欧米人は考えるのだという。

そんなことをいわれると、なんだか日本人というのはとても怠け者の国民性のように見られていたとも思われるのだが、なにそんなことはない。

日本人はむかしもいまも、至って勤勉な国民性だ。まじめに、よく働く。決して怠け者ではない。

しかし三十代四十代のその働き盛りに、充実した幸福を感じながら暮らしているのかといえば、たしかにそうともいえまいとは思うのである。

日本人は「捨てる」自由な生き方を愛してきた

三十代四十代の人たちに意識調査などを行うと、「いまの暮らしに満足している」「いま幸福だと思っている」と胸を張って答える人など、むしろ少数派だ。

大多数の人たちは、何かしらの不満をもらす。

そんな日本人に欧米の人たちは、さすがに日本人はエコノミックアニマルだ、これだけモノに恵まれた生活をしながら、さらに、もっとモノに恵まれた生活を望んでいるのか、と思うかもしれないが、そうではないだろう。

モノではなく、日本人はもう少し「心」についてのことをいっている。

いま日本人の八人にひとりがうつ病か、うつになりかけている状態だといわれている。そしてその大半が、ちょうど働き盛りの年代の人たちだ。これは男女を問わない。

そういう状況からも、この年代が働くことへ意欲満々、また実際によく働きながらも、またモノに恵まれた暮らしをしながらも、いかに「心が幸せでないか」がよくわかるではないか。

これは皮肉なことだが、日本人が勤勉でまじめであることが、かえって災いしているのだ。勤勉でまじめであるだけに、心に加えられるストレスが大きくなる。ちょっとした仕事の失敗をクヨクヨ悩む。また、勤勉な人ほど、将来に楽観的になれない。ああでもない、こうでもないと心配ばかりしている。まじめな人はまた、責任感の強い人でもあるが、そのために仕事へのプレッシャーも大きい。

人間関係においても色々と思い悩む。

自分のしたことは相手にとって有益だったのだろうか、自分は周りの人たちからどう思われているのか、どうして自分はこう人間関係がヘタなのだろうと、そういったことに必要以上に心を惑わす。

ところで私は、いまなお吉田兼好や鴨長明、西行や芭蕉といった古典的な人物の生き方に、現代の日本人が強い関心と憧れを抱くのを、おもしろいことだと思ってきた。

いずれの人たちも、いわば隠居的な人生を送った人である。

地位も財産も、家財道具も何もかもすべて捨て去って、一方は山谷の侘び住まい、一方は漂泊の旅に出た人である。

仕事の失敗をクヨクヨ悩んだり、将来のことを心配したり、プレッシャーに押しつぶされそうになったり、人間関係にふりまわされたりする暮らしとは、まったく無縁であった人たちだ。

「得る」ことで幸せを追求した人たちではない。

「捨てる」ことで自分らしい、気ままな、自由奔放な幸せを得ようとした人たち。

きっと伝統的な日本人の幸福感といったものが、これらの人たちの人生に集約されているのだろう。

ムリに得ようとするから、もの笑いの種にされる

ちょっと角度を変えて、話を進めてゆこう。

ときに日本人は欧米人から皮肉をいわれたり、もの笑いの種にされたりすることがある。

先ほどの「エコノミックアニマル」という言い方だって、そうである。日本人がエコノミックアニマルなら欧米人はどうなのか。日本人と同等に、いやそれ以上に、エコノミックアニマル、いや、エコノミックザウルスなのではないか。

日本人は労働時間が長いということをよくいわれるが、これもそんなことはない。比べると、アメリカ人のほうが長時間労働だという統計もある。

ニューヨークの五番街やパリのシャンゼリゼ通りを、両手いっぱいにブランド物の紙袋をぶらさげながら闊歩してゆく日本人の姿に、冷ややかな眼差しを向ける欧米人もいるそうである。「あんなに買い込んじゃって。日本人は買い物が好きねえ。お買い物ツアーってのが、あるらしいわよ」というわけだ。

反論しておこう。欧米人だって日本へくれば、買い物に興じているではないか。浅草の仲見世など、すごいものである。

そういえば日本人のカメラ好きも、よく話題にされる。たまたま観たイタリアの映画に日本人が出てきた。ビジネスマンの一行なのだが、それがみんな首からカメラをぶらさげている。以前は欧米人の多くが日本人はいまだにチョンマゲを結っているのだと信じていたそうだが、さすがにそういう誤解は解消されたものの、いまは日本人といえば、みな首からカメラをぶらさげていると思われているのだろうか。

私もむかし、精神科医の団体で、海外の病院を視察にいったことがある。その際、カメラでそこらじゅうパシャパシャ写真を撮る私たちの姿を見て、「あなた方は、副業でカメラマンをしているのですか」と痛い皮肉をいわれたことがある。「視察」などというと、ひとつでもふたつでも勉強になること、参考になることを収穫してこなければと躍起になる。

そこでカメラ、パシャパシャになるのは、これも勤勉でまじめな日本人の悪い癖かもしれないが、ちょっと待てよ、といいたいのだ。

日本にやってくる欧米人も至るところで、かなりパシャパシャやっているではないか。

それにしてもグローバル化のこの時代、日本人だって欧米人だって、それほど変わりないことをやっているというのに、どうして日本人だけがこうも皮肉をいわれたり笑われたりするのか。

それはきっと、日本人が「自分に似合わないことをしている」と欧米人の目に映るからなのではないか。

さばさばした暮らし方が日本人らしい

余白を大きく取ることが、日本の絵画の特徴だろう。一方西洋の絵画は画面の中に所狭しと、雑多なモノを描き込もうとする。

暮らし方もそうである。日本人は余白を大切にしてきた。家の中に、あれこれとモノをもち込まない、茶室のような生活空間を、本来日本人は愛してきた。もっとスッキリとした、さばさばした、飄々《ひょうひょう》とした生き方が、日本人らしい。それこそ兼好や長明、西行や芭蕉といった生き方である。

欧米人もじつはそのことを、よく知っている。だから自分たちの生活習慣を真似して、日本人らしくないことばかりして奔走する日本人が、なんだか自分らしくない生き方をしているように見えてきて、皮肉ったり笑ったりしたくなるのではないか。

日本人はもともと、そう躍起になって、よく働いたり、モノを買い集めてきたりする国民性ではないだろう。

また日本人自身、そういう生き方を「自分らしくない」と感じているところもある。

だからこそモノに恵まれた暮らしをしながら、何かひとつ満足感を得られないでいる。意識調査で「いまの暮らしに満足している」「いま幸福だと思っている」と胸を張って答えることができないでいるのではないか。

精神科医としての仕事をしていると、いま、うつ病に悩む人たちが増加傾向にある、また自殺者の数も一向に減る様子がないことを憂えながら、もっと日本人本来の、日本人らしい生き方に戻ったほうがいいのではないかとも思うのだ。

それは地位を得ること、権力を得ること、財産を得ること、豊かな暮らしを得ること、モノを得ることのために、あくせくする生き方ではない。

欧米人の説くような成功法則的な生き方、ナンバーワンになるための生き方ではない。

いわば『徒然草《つれづれぐさ》』や『方丈記』で説かれているような暮らし方。わずかなモノを愛おしみながら、気ままに、自由に暮らしてゆく生き方だ。

「心の健康」のためにも、そのほうがいいように思うのである。

現代でも定年後は田舎に引っ込んで、のんびり畑仕事でもしながら暮らしていきたいという人が多くいるではないか。

仕事や、責任や、しがらみや、そのほか面倒なことを一切合財《いっさいがっさい》捨てて、これからやっと「自分らしい生き方」ができるように思う。

捨てることによって、いわば自己実現のチャンスを得るのだ。

旅するときのように、わずかなモノで暮らす

どうも私たちは思い違いをしてきたようだ。満ち足りた生活は、たくさんのモノに囲まれた生活によって得られると信じてきた。洋服でも靴でも、家電製品でもなんでも、より多く、よりたくさん所有することで、心の満足度も高まっていくのだと。

仕事机の上も書類、資料、郵便物、紙コップ、ティッシュ、お菓子の箱と、山のようなモノで埋め尽くしているほうが「私って、よく働いているなあ」という満足感を得られるように思う。

きれいさっぱり片づけられて何もない机など、不本意な人事異動をいい渡されて、どこか遠くへいってしまった人の机のようで「なんだか寂しい」という人もいるだろう。

しかしこれも実際には違う。洪水のようなモノの氾濫に、私たちは日々心を重苦しくさせられている。だから私はよく「人生は旅だ。旅するように生きよ」というのだ。旅にもってゆけるのは、わずかなモノである。せいぜいボストンバッグひとつかふたつに入るくらい。しかし旅先で不自由を感じることはない。

モノがないからといって、旅を楽しめないわけでもない。むしろみなさん、旅を楽しむためにも、あまりたくさんのモノをもっていくのはやめよう。これはホテルで寛《くつろ》ぐときに着る服、これは観光に出るときの服、そしてこれはディナー用。もちろんお化粧品も、あれもこれも。それから暇つぶしに読む本と雑誌と、遊び道具と、あ、そうそう。それからインスタント味噌汁と梅干と、なんてやって旅行カバンをパンパンにふくらませて旅へ出るのでは、もち運ぶのがたいへんだし、いちいち出したりしまったりするのも面倒だ、必要最低限のモノだけでよろしい、と考えるのがふつうではないか。

日常生活でも、そう考えてみたらどうか。身の回りにあるのは必要最低限のモノだけで、よろしい。それ以外のモノは、なくてよろしい。

その代わり、これも旅をしているときと同じように、見るもの、聞くこと、知ることに、すなおに感動する気持ちをもつこと。好奇心を旺盛にしておくこと。未知へチャレンジすること。人との出会いを喜ぶこと。友人の輪を広げること。同行者との親睦をはかること。

そういうことを忘れなければ、わずかなモノしかなかったとしても、旅することも、そして生きることも、十分に楽しめるのだ。

旅をしていると、ひとつのモノを色々な用途に使うという工夫も学ぶ。たとえばタオル一枚、もちろんお風呂に入るときにも使えるし、ときには枕カバーにもなる。頭にかぶって帽子代わりにもできる。ケガをしたときの包帯にもなる。

このような工夫も、旅をしているときのように、日常生活で実践してみたらどうか。これも、わずかなモノで暮らす知恵だろう。

「思い出のモノ」も少ないほうが、よい思い出になる

たくさんのモノに囲まれていたとしても、実際の暮らしの中で私たちが使っているモノは、それほど多くはない。わずかなモノである。その他ほとんどのモノが、いってみれば要らないモノ、捨ててもいいようなモノだ。

だが、捨てられない。

「思い出があるから、捨てられない」という人もいる。

たしかに思い出のあるモノは捨てがたい。それはわかるが、思い出のモノも、旅するときのようにボストンバッグひとつでいいのではないか。

そう、あれもこれもと、捨てないで取っておく必要もあるまい。

「思い出箱」を、ひとつかふたつ作ってみるのはどうか。

段ボール箱でも収納ボックスでもいい。ほんとうに大切な思い出のあるモノだけを、そこに保管しておく。あとは捨てる。

たとえば知人の結婚式の引出物としてもらった置き時計。これなども「思い出のモノ」なのかもしれないが、何年も使っていないようだったら、捨ててもいいのではないか。

だいたい、こういってては申し訳ないが、引出物の置き時計など、安物のわりには金ピカの装飾が施された趣味の悪いものが多い。現に、だからいままで使わずにどこかへ放り込んだままにしていたのではないか。

思うのだが、人には思い出のモノが色々あるのだろうが、厳選すればそうそう多くはないのではないか。

捨てられない人は、うつを疑え

ところで「捨てられない人」に、うつ病の患者さんがいる。

理由は、ふたつあるようだ。

●過去への執着が強いこと。

●心身のパワー不足。

「過去への執着」というのは、うつの患者さんによく見られる特徴である。別れた恋人への執着、亡くなった人への執着、いまは地方の子会社へ出向しているが、かつて本社の花形部署で活躍していた頃への執着、過去のポストへの執着、そしてそういった過去の思い出につながるモノへの執着である。

なぜそのように過去にばかり目を向けようとするのかといえば、未来へ向かってずんずん突き進んでいくパワーがなくなっているからだ。心身が疲れきり、前に向かって歩んでいけなくなっている。

モノを捨てるには、あんがい強力なパワーが必要になってくる。もちろんモノを縛ったり運んだりしなければならないのだから体力も必要なのだが、それとともに「心の力」もいるのだ。とくに何か、思い出のモノを捨てるときには。

年寄りがむかし話ばかりするようになるのは、パワーがなくなってきているからだ。また、むかし話ばかりするようになった年寄りは、たいていモノがあふれ返った散らかった家で、まるでモノに埋まるようにして暮らしているものだ。

しかしながら、老いてなおカクシャクとしている老人は、来年は海外旅行へゆくつもりだとか、そのために英語の勉強を始めたいとか、未来のことをよく語るものである。またきれいに整理整頓された暮らしを心がけている。

うつの患者さんも、治療と休養とによって心身のパワーが回復するにつれて、農園でも借りて野菜作りをしようと思っている、地域の住民活動に今後は積極的に参加しようと思っているといったふうに、今後のことについて語るようになる。

また今後の生活のために身の回りのモノを片づけたり、不要なモノを捨てたりできるようになるのは、だいぶ病気から回復してきた兆候ともなる。

逆の言い方をすれば、妙に思い出のモノばかりに執着するようになり、モノを捨てるのが億劫でしょうがない状態になったときは、要注意。

心身ともに疲れきり、そうとうストレスが溜まり、うつの一歩手前まできている可能性がある。まとまった休養を取ったほうがよい。

さもなければ医者にご相談を、である。

モノを捨てられない人は、「これまで」のことをよく話題にする。モノを捨てる人は「これから」のことを話題にする。どうもそういう傾向はあるようだ。

ムダな体験をしてこそ、ホンモノがわかる

ちょっと誤解がないようにいっておきたい。

私も若い頃は、ずいぶんムダな買い物をした。

買って、すぐに捨てたモノもある。買って、使わずにそのままにしておいて、しばらくして捨てたモノもある。いま思えば、ずいぶんお金と時間と労力をムダにしたなあ、だ。

しかしムダな体験をしなければ得られないモノが、人生にはあるようである。

それは何かと問われたら、ひとこと、「ホンモノと出合う」こと。

あるドイツ文学者がいっていた。この人は旅行好きで、暇があればちょこちょこ国内のあっちこっちへ一泊旅行に出かけている。

さて長年、悩み続けてきたことがあったそうだ。旅行バッグのこと。使いやすく、デザインや色合いもよく、もち歩いていて気持ちのいいバッグがなかなか見つからない。様々なメーカーのモノを試してきたそうだ。そしてついに、これだという、自分にとってホンモノのバッグが見つかった。革製のモノで、多少値段は張ったらしいが、気に入ってずっとそればかりを使っているそうである。

ホンモノにたどり着くまでは、試行錯誤が必要である。いってみればムダな買い物を何度か繰り返さなければ、自分にとってのホンモノを見つけることはできない。

だからムダな買い物をしちゃいけない、といっているわけではないのだ。

若い頃は、それはたくさん「得る」ことに幸福感をおぼえたっていい。

冷蔵庫の中は、いつも食べ物を満載にしておきたい。食べきれないほどのモノでギュウギュウ詰めにしておきたい。

洋服も靴もたくさん買ってきて、クローゼットに並べておきたい。テレビだって冷蔵庫だって、何台も揃えておきたい。駐車場には二台三台、自動車を並べておきたい。家じゅうモノであふれた生活を送りたい、と、そういった暮らしに憧れをもっていてもいい。

しかし、そうやって買い集めてきたモノから、自分にとってのホンモノを見つけ出してほしいのだ。

そしてホンモノが見つかったら、あとの不要なモノは徐々に捨てていき、減らしていくこと。家の中に広々とした、しかし充実した空間を作っていくこと。「得る」人生から「捨てる」人生へ、このターニングポイントをうまく発見し、暮らし方を上手に転換できた人は、後半生を幸せな気持ちで生きていけるだろうと思う。

ある女性によると、「ちょうどコテコテのケーキから、おまんじゅうのほうがおいしいなあ、って嗜好《しこう》が変わり始める頃」が人生のターニングポイントであり、それからは「暮らし方をもっとシンプルなものにしていこう。人生は溜めるより捨てる、よ」と意識が変わっていくそうである。

たくさんのモノをもっていたからといって、心の満足感は得られない。たくさんのモノから、いかにホンモノを見つけてゆくか。自分にとってもホンモノを見つけられた人に「ああ、これが自分らしい暮らし方なんだなあ」という満足感がやってくる。それこそホンモノの満足感だ。

人生とは、すべて試行錯誤だ。とくに若い頃はそうだ。

余談になるが、私など父親のあとを継いで精神科医になったものの、高等学校を卒業して当初入学したのは文学部だった。中学生の頃は喫茶店に入り浸って、キッサガール（といっても、いまの人にはわかるまいが）に見とれていたりもした。不良少年の真似事のようなことをしていた時期もある。

まあ、あっちへふらふら、こっちへふらふらで、いまから思えばムダなことに時間を浪費してきたものなのだが、しかしそういうムダなことをしてきたからこそ、いまの自分の人生があるのだとも思える。ホンモノの、自分の人生がある。

ホンモノが見つかったら、あとはそれをきわめていけばよい。

ホンモノを見つけるためのムダであれば、それは「貴重なムダ」であったのだろう。

できないモノには、手を出さないこと

ムダをすることが、ホンモノを見つけ出すことにつながるといった。ただし、こんなムダはいただけない。

人には、どんなにがんばっても、できないことがある。

できないことは、しようと思わないこと。

たとえば私は原稿を書くために、パソコンやワープロを買おうとは思わない。もし買ったとしても、どこかで埃をかぶせたままの状態にし、使えなくしてしまうことがわかっているからだ。

これには苦い経験もある。

むかしワープロなるものが世の中に普及し始めた頃だったが、息子が気を使っ

て、私にワープロをプレゼントしてくれたのだ。

まあ若い人にいわせると、手書きよりも機械で文章を作っていくほうが効率的で、仕事が速い。綴《つづ》りを忘れた漢字が出てきても、いちいち辞書を引っ張り出す必要もない。キーを押すだけで漢字に変換していってくれるのだから楽だ。

……と、そういうことなのだが、ところが古い世代の私としては、そういった最新式の機械は大の苦手とするところなのだ。

それに私には、最新機械恐怖症といったところもある。

キャッシュカードでお金をおろすのさえ、「ちゃんとお金が出てきてくれるかしら」と心臓がドキンドキンしてくるほどなのだ。

ファックスさえうまく使いこなすことができず、「ちゃんと送ることができるかしら」と、いつも緊張を強いられる。ストレスも溜まる。

くだんのワープロだが、たちまち「使わないのなら、もったいないから」ということで、息子に回収されることに相成った。

まあ苦手と思うことは、心の健康のためにも手を出さないほうがいいようである。苦手を克服しようと、新しくモノを買い込むこともやめておくほうがよいようである。これだけは、ムダな買い物は、最初からやめておくほうがよさそうだ。

念のため、申し上げておく。

幸せに暮らすために、モノとどうつき合っていくか

最後に、まとめておく。

●「得る」ことよりも「捨てる」ことのほうが、幸せに暮らすためには大切なのだとわかってくる時期がある。それが人生のターニングポイントだ。

●若いうちには「得る」ことを享受《きょうじゅ》する生活を楽しむことも大切だ。しかし、そういう生活の中から、自分にとっての「最愛のモノ」を見つけ出す努力をしてみよう。

●旅をするときのように、ボストンバッグひとつに詰め込んだ必要最低限のモノでもって、日常生活を楽しんでみる工夫をしてみよう。わずかなモノしかなくても、工夫次第で暮らしは楽しくなる。

●日常生活にほんとうに必要になるモノは、じつはそれほど多くはない。わずかなモノで十分である。その、わずかなモノを愛おしむことで幸福感が生まれる。

●思い出のモノは、箱ひとつかふたつにまとめよう。それに収まりきらないモノは捨ててもかまわない。思い出のモノもわずかなほうが、いい思い出となる。

●日本人は、もともと「捨てる」ことに幸福感を見出してきた民族だ。「得る」ことに一生懸命になるのは、心にストレスを溜め込むことにつながり、かえって生きることをつらくする。

モノとどう上手につき合っていくか。これを考えることは私たちにとって、人とどうつき合っていくかを考えるのと同様に大切なことである。

モノとのつき合い方で、私たちの人生は幸福にも不幸にもなるからだ。

しかしモノとのつき合い方については、私たちはあんがい無関心できてしまったのではないか。

モノは人のように、ものをいわないからだ。黙って、そこに存在するからである。物置に放り込んでおけば、人ならば「ここから出してくれ」と大騒ぎもするだろう。しかしモノは、黙ってそこでじっとしている。

だから怖いという面もある。知らず知らず、そこらじゅうにモノがあふれ、モノに占領され、足の踏み場もない状態となる。

そうなる前に、モノとどうつき合っていくか、真剣に考えておくほうがよい。

いま身の回りにあるモノと相談してみるのがよい。

「これから私たち、どんなふうにして暮らしていきましょうか」と夫婦で、自分たちの将来のことを話し合うように。

モノと今後とも幸せに、楽しく暮らしつき合っていくために、である。

6章

心の飢えは、モノでは満たされない

「モノのぜいたく」を追い求めても、満足感は得られない

「ぜいたく」にも、ふた通りあるのではないか。

「心のぜいたく」と「物質的なぜいたく」、いわば「モノのぜいたく」である。

まず最初に、ある大手スーパーの創業者が、こんな意味のことを述べていた。

私自身、賛同している。

そこでここでは多少私自身の言葉もつけ加えて書くが、お許し願いたい。

私たちの生活は、ずいぶん豊かになった。家には、ぜいたくなモノがあふれている。家にあるモノのぜいたくさだけならば、たぶんアメリカの平均的な家庭を上まわっているように思える。

また、お金の使い方を見ても、かなりぜいたくな水準にあるといっていい。パッパと気前よく、よく使う。収入が増え、ぜいたくにまわせるようになったのである。

しかし、ほんとうのぜいたくかといえば、首を傾げたくなる部分もある。

ふだんの日常生活を送る、私たちの心の中はどうか。

豊かさを実感できているか。

必ずしも、そうではないだろう。

日常生活が豊かにならなければ、決して生活水準が上がったとはいえない。

たしかに日本人の平均収入は増えたのだろうが、平均収入が増えれば生活水準が上がったということにはならない。

要は生活の仕方だ。お金の使い方である。その発想そのものを変える必要があるのではないか。

いまの収入の範囲内で、いくらでも生活水準を上げることは可能だ。

具体的にいおう。

節約できることはもっと節約して、バカンスにまわす。

自己投資のために使う。

より合理的でスマートな、贅肉《ぜいにく》の取れた生活を心がける、ということだ。

まあ、こういった内容だ。

つまりここで述べられていることは、お金の力だけに頼っていたのでは、心のぜいたく、心の豊かさ、心の満足感といったものを実感することはできない。お金で「モノのぜいたく」を享受できたとしても、私たちは自分の日常生活が豊かになったと実感することはできない。

心豊かに暮らしてゆくためには「心のぜいたく」をもっと重視しなければならない、ということだろう。

「モノのぜいたく」を追い求める人は、モノを買う。高価なモノ、ダイヤモンド、ブランド品、高級時計、高級車、羽根布団など。そういえば、靴を二百足もっている女性がいるそうだ。

どうやって二百足もの靴を、家に保管しているのか知らないが、なんだか目がまわってきそうである。

また怖い気持ちにもなってくる。

なぜ怖いのか。次項で述べる。

「自分らしさ」のために、ぜいたくをしよう

ひとことといっておくが私はなにも、戦前の日本のように「ぜいたくは敵だ」などというつもりは、さらさらないのだ。もっとケチになれ、といっているのではない。お金があるんだったら浪費などせずに、貯金しておけといっているのでもないのだ。

むしろ、ヘタにケチになどならないほうがよいと考えている。ケチもまた欲張りと同じなのだ。みずから自分の人生を不幸なものにしている。

第一私が見るところ、ケチは早死にだ。

こんな笑い話がある。

ある金持ちが死んだ。葬式の席で、「ケチで有名な人だったからなあ。なんで

も医者に支払う代金をケチったために、早死にしてしまったって噂だよ」

そして、こんなジョークもあるが。

「そう。だったら、この葬式にかかった多額の費用を教えてやったら、びっくりして生き返るんじゃないか」

……それはともかく、人の心には本質的に「ぜいたくをしたい」という気持ちがあるのは事実である。私だって、ぜいたくをしたい。

お金があるのだったら、使えばよいのだ。ぜいたくをしたいのであれば、すればよい。ただし、そのお金の使い方、ぜいたくの仕方が問題ですよ、といいたいのだ。

ぜいたくをモノでもってかなえようとすると、モノにばかりお金を使うことを考えるから、靴を二百足買わなければならないことになる。

ひとつモノを得る。そうすると、もうひとつほしくなる。もっと高価な、もっとぜいたくなモノをほしくなる。もっともっとになり、とどまるところがなくなってくるのだ。それが靴二百足だ。

そしてきっとその女性は、いまだに満足できていないに違いない。二百足の靴であきたらず、なおも靴を買い増してゆくことになる。たとえ三百足、四百足靴が溜まろうと、なおも買い溜めてゆくことになるだろう。そのうちに彼女が住む家は、靴御殿《ごてん》とでも呼ばれるようになるのではないか。

恐ろしいと思いませんか。二百足、三百足の靴に囲まれながら、なおもあきたらない気持ちでいる人の姿を想像してください。その女性は一生、「お気に入りの靴」を手にすることはできないだろう。

かといって、いままで買い揃えてきた靴を捨てることもできない。もう履くこともない靴がたくさんあるのはわかっているが、捨てると、心の中にポッカリと開いた空虚感がますます広がってゆくようでためらわれるのだ。

モノで心を満たそうと思うな

モノで、心を満たすことはできない。

それどころか、モノで欲望を満たそうとすればさらに欲望はふくらみ、そうやって知らず知らずのうちに欲望の塊のようになっていく。欲望にふりまわされて、みずからの人生を壊していく。

そういう人を、私は「貧乏性」とも呼んでおきたい。

「二百足も靴をもっているなんて、なんてぜいたくな暮らしなんだろう」と思うかもわからないが、私は「足るを知らない」という意味でもって、貧乏性といっておきたいのだ。

生きていてよかった、人生ってすばらしい、という満足感を得るためには「モノのぜいたく」ではなく「心のぜいたく」を求めることだ。

先ほどのスーパーの創業者の言葉ではないが、「バカンス」と「自己投資」と「より合理的でスマートな生活のため」にである。

一週間、二週間と長期の休暇を取って、ゆったりとした旅に出る。これに増したぜいたくはないだろう。仕事に忙しくて、そういうまとまった時間は取れないという人もいるかもしれないが、そうならば最高の席で芝居見物をするのもいい。クラシックの演奏会へいくのもいい。いってみれば、ぜいたくな時間と空間を買う。

自分の好きなモノを買う、というのではなく、自分の好きなことをするために、もっとまとまったお金を使うのだ。たとえモノを買うにしても、趣味にしているモノのコレクションであるとか、あるいは山好きの人ならば登山グッズのいいものを揃える、絵を描くことの好きな人はその道具を買うとか、自分の個性が活きるような買い物をすることである。それも「心のぜいたく」となる。

勉強家ならば、外国語にチャレンジしてみてもいい。カルチャーセンターに通うのもいい。仕事に役立つように技術、資格を身につけるための勉強を始めるのでもいいだろう。

形となったモノが残るわけではないのだが、自分の人間的な成長のためにお金を使うことは、これもまた満足できる、心豊かになれる、ぜいたく感を味わうことにつながるはずだ。

自分らしく遊び、自分の成長のために、ぜいたくをする。これが、より合理的で贅肉の取れたスマートな生活の基本になる。

二百足の靴に囲まれた生活が「より合理的で贅肉の取れたスマートな生活」であるとは思えない。

若い頃の「心のぜいたく」が、社会に出てから活きる

「モノのぜいたく」「心のぜいたく」といった話をするとき、いつも思い出す話が私にはある。こんな話だ。

芥川賞を受賞して、いまは高名な作家になっているが、その人が十代であった頃のことだ。大学へ進学したかったが、家にはその金がない。お金がないどころか、多額の借金で首がまわらない状態だった。

しかし父親が立派な人だったのだろう。「おれの最後の借金だ」といって大学へゆく資金をかき集めてきて、息子を大学へ入れてやった。

父親は、こんなことをいっていたそうである。

「実社会に出れば時間に追われて、読みたい本もなかなか読めないだろうし、朝、寝たいだけ寝ることもできないだろう。大学の四年間という、なんでもやりたいことができる時間を、おれはおまえにプレゼントする」と。

この「四年間の自由な時間」をムダにしなかったことは、この人のその後の活躍を見てもわかる。

ところで私は、この「自由な時間」を「心のぜいたく」と、いい換えてもみたいのだ。父親は息子に四年間の自由という「心のぜいたく」をプレゼントした。それができたのは父親自身が「心のぜいたく」を大切にする人であったからだろう。

もし「モノのぜいたく」にこだわる人であったなら、ムリをして金を融通してきて息子を大学へいかせることなどしなかったに違いない。早く社会へ出させて、お金を稼がせて、家の借金を減らすのを手伝わせただろう。

思うのだが、とくに若い頃に体験する「心のぜいたく」が大切だ。若い頃にどれだけ「心のぜいたく」をしてきたかが、のちのち大人になってから、社会人になってから活きるためである。

知り合いの息子さんは学生だが、なんでも自分専用の自動車を購入するためにアルバイトに明け暮れる毎日なのだそうだ。ちょっと「それでいいのかな」なんて気持ちにさせられる。

自分専用の自動車なんて、もっていなくたっていいじゃないか。そんなモノのために、貴重な時間をアルバイトに費やすことなんてない。大人になれば、自動車のためにいくらだってがんばって働けるのだ。ほしいモノがあるなら、会社で給料を稼ぐようになってから買えばいい。

若いうちにモノにふりまわされる生活を送るなんて、もったいない。若いうちにしかできないことが、たくさんあるはずだ。

それは、せっかく許された「自由な時間」を、もっと自分のために満喫すること。それこそ「朝寝坊」だって、いいように思う。社会人になったら朝から晩まで働き詰めで、自由にできる時間なんてなくなってしまう。

欲張りもケチも、「足るを知らない」という意味では同じ

「モノのぜいたく」を味わいたいばかりに、欲望がどんどんふくらんでゆき、ついには欲のシモベのようになってしまう。その怖さは一九八〇年代から九〇年代へかけてのバブル経済を体験した人であれば、ご存じだろう。

あの頃は、借金してまでモノを買いまくって、自己破産してしまう人が大勢現われた時代であった。

それも一般的な家庭の、ごくふつうの奥さん、またいい企業で働くまじめなサラリーマンたちが突如として、ぜいたくなモノを買いあさり、豪勢に遊びまわり、カードの限度枠いっぱいに金を借り、サラ金に手を出し、首がまわらなくなっていったのだった。

銀行がジャブジャブとお金を貸してくれることをいいことに、海外の不動産を買い占め、企業を買収していった。向こうの人たちがそんな日本人の姿にどんなに顔をしかめようが、おかまいなしにである。

何十億ものお金をつぎ込んで、印象派をはじめ有名な画家の絵を買い集め、「自分が死んだときは、絵もいっしょに燃やしてくれ」と遺言し、物議をかもした人物が現われたのも、バブルの頃のこと。

ほとんどヒステリーである。

なんのために買う、買ってどうする、などということは二の次の問題。いまほんとうに、それが必要なのかどうかも十分に検討しない。とにかく買え、買え、買いまくれ、なのである。

ヒステリーの特徴を、精神医学的に申し上げておこう。

何がなんでも望みをかなえたい、人に負けたくない、という強い衝動。そして、そのためには人はどうなったっていいという、自己中心性である。

あの頃の日本人の欲張りぶりには、このヒステリーの特徴がよく現われていた。

そしてバブル崩壊である。

そのとたん今度は、みんな例外なくドケチになった。

このケチのなり方にも、ヒステリックなところがたぶんにあった。

じつはヒステリーには、もうひとつ特徴がある。自罰傾向だ。うまくいかなくなると、自分を責める。ドケチはある意味、この自罰傾向の現われでもある。

企業も、会社幹部も自分に自信をなくし、これまでのやり方は全面的に間違っていましたとばかり、リストラ、リストラで、情け容赦なく社員の首を切っていく。そのプレッシャーから、社員たちが心の病になろうがおかまいなし。背に腹は代えられないと、リストラの嵐が吹き荒れた。

貸した金をすぐ返せと銀行は奔走するようになり、また貸し渋りが始まり、消費者も財布の紐を締めるどころか、お金をタンスの奥深くにしまい込む。

そのために中小零細企業のみならず大手企業までもバタバタと倒産し、失業率は高まり、自殺者もあとを絶たない有様となった。

「お金はあるけど、豊かではない」という矛盾

じつは欲張りもケチも同じなのである。欲張りが「足ることを知らない」人ならば、ケチもまた「足ることを知らない」人である。

いくらリストラをやっても、まだ不安が残る、満足できない。だから「やりすぎ」としか思われないほど、リストラを断行してしまう。「そこまでやるか」としか思えないほど、貸し渋りをする。財布の紐を締める。しかし、そこまでやらなければ心配で心配でしょうがないのだ。「足ることを知らない」からである。

かねがね私は、いまの日本人はある種の躁《そう》うつ状態にあると考えている。

バブル期は躁状態だった。イケイケドンドンである。

それがバブルがはじけて、今度はうつ状態に入った。あのドケチぶりは、うつ状態の現われであるといっていい。

この「イケイケドンドン」と「イクナ、イクナ」が、極端すぎるほど極端なのだ。バランス感覚が取れていない。

戦後の高度成長期も、先のバブル期同様に、日本人は躁状態だった。テレビ、洗濯機、冷蔵庫が三種の神器と呼ばれ、飛ぶように売れていった時代である。そしてオイルショックだ。今度はうつ状態となって、極端なまでに財布の紐を固くした。

戦前もそうである。あの時代も日本人は躁状態でイケイケドンドンで戦争を拡大していった。そして敗戦で一気にうつ状態である。

どうも日本の歴史は、うつ状態と躁状態を交互に繰り返す歴史のようである。もっと「心のぜいたく」を自覚した暮らしをしなければ、私たちはいつまでたっても「お金はあるけど、豊かさを実感できない」という矛盾した生活感情から脱することができないのではないか。

今あるモノに満足する心を

古い人間だから古い話をして申し訳ないが、むかしの日本人はもう少し、慎み深さがあったように思う。

欲張りになるにせよ、ケチになるにせよ、「ここらあたりで、もう十分だ」という上限、下限といったものがあった。

いまも列車にはグリーン車、普通車というのがあるが、むかし一等、二等、三等という区分があった。庶民にすれば一等なんてとんでもない、二等ですらちょっと足を踏み入れがたかった。

しかしいまの時代グリーン車とはいっても、お金さえ出せば学生だって乗れる。

いっておきたいのだが、むかしはたとえいいとこのお坊ちゃんで、あり余るほどの金があっても、学生はやはり学生としての慎みというのがあって、一等車、二等車には乗らなかったものである。

ケチでそうしていたわけではない。各人自分の本分をわきまえて、慎みをもって暮らしていたのだ。世の中の常識として、そういう自己規制が自然に個々人に働いていた。

それがいまは、どうだ。お金があれば何をやってもいいという時代である。いや、ときにはお金がなくたってグリーン車へ乗って見栄を張りたいという時代だ。

私たちのモノに対する接し方もそうで、むかしは慎みというものがあった。まあモノがいまほど豊かではなかった時代であるから、自然と慎みが身についていたのだともいえよう。

私の家は戦前は大病院だった。青山にあった当時は、見た目は立派な建物で、東京のちょっとした名物にもなっていた。それが戦争で、すべて焼けてしまった。

戦争が終わったのはいいが、我が家のみならず、東京は一面の焼け野原。世田谷におんぼろの住宅を見つけて、ここに病院で焼け残った籐椅子を運び込み、即席の診療所を作って患者さんの診察を始めた。

当時私は大学に医局員として在籍している身分で、本来であれば個人として開業してはいけなかったのだが、学部長にお願いして医局での仕事を終えてから特別に夜間、自分の診療所で患者さんを診察することを許してもらったのだった。というのも医局から給料が出ない。無給で働いていたのだから、何かの形で収入を得る方法を考えざるをえなかった。

そのうち新宿へ引っ越し、少しはまともな診療所となった。

いま世田谷の頃のことをよく思い出すのだが、たしかにモノには不自由した時代であったけれど、私は不幸を感じはしなかった。それほど不満もおぼえなかった。毎日が充実していたように思う。「モノのぜいたく」を味わうことはできなかったが「心のぜいたく」はあった。

モノというのは、なければないでなんとかなる。人というのは頭がいい生き物で、モノがないことを前提に、どうにかできないかと必死になって知恵をしぼる。工夫をすることができるからだ。

そういう知恵や工夫をすることが「いま自分の力で生きている」という充実感を与えてくれる。これも「心のぜいたく」となる。

お金の価値が感じられなくなった現在

いまは一生懸命になって捨てなければならないほど、モノのあふれた時代となった。こういう時代を私は、いい時代だとは思わない。モノがあることへのありがたみ、モノに感謝する気持ちが薄らいでいくからである。

物置や、タンスの中や、クローゼット、ベッドの下、段ボール箱、本箱、そんなところに一年も二年も使わないモノを放っておくのも、モノへのありがたみ、モノに感謝する気持ちが薄らいでいる証拠だろう。

あげくには、これといって使いもせず、そのまま捨てる。

使ってやることが、モノへの感謝の気持ちの一番いい表わし方となる。捨てるにしても、十分に使いきってから捨てるのがよい。

モノを窓際族のようにして、肩叩きしたあげく会社から追い出すようなことはやめたい。

お金があることへの、ありがたみ、感謝する気持ちも薄らいだ。

子供の頃、道端で百円札を拾ったことがある。そのとき、いま考えればおかしいほど私の手はガクガク、足はブルブルふるえたのをおぼえている。

それだけ、お金のもつ価値が高かったのだ。

貨幣価値が当時と違うといわれるかもしれないが、道端に百円、いや千円札でもいい、落ちていたのを拾ったところで、いまの子供はなんとも思わないだろう。「汚いから、そんなの拾っちゃダメ」と子供を叱るお母さんもいそうである。

それだけモノやお金のもつ価値が低くなった。

だが、これは奇妙なことだが、モノやお金のもつ価値が低くなったいまの時代、モノやお金への、人の尽きない欲望だけはますますふくらんでゆくばかりだ。

これはいったい、どうしたことか。モノやお金にそれほどの価値観を感じられないのであれば、そう躍起になってお金儲けをしなくてもいいではないか。モノを買い集めなくてもいいではないか、と思う。

しかし、いい換えれば、だからいくらお金を溜め込んでも、モノを買い揃えても、ちっとも満足感や感動がないのだといえる。もともと価値のないものを溜め込んでいるのだから。

子供の頃、百円を拾って手をふるわせた私は、社会人となって初任給をもらったときなど、もう感動ものであった。

モノのなかった時代に生まれ育った私など、初めて我が家にテレビがやってきた日のことを、いま思い返しても興奮してくるくらいである。

そういう感動や興奮を知らない、お金に不自由することもなく、モノのあふれたいまの時代の人を、私は不憫《ふびん》にも思う。

少し意識的に、自分の身の回りにあるモノを減らしてみたらどうか。

お金儲けに躍起になる気持ちを、少しセーブしてみたらどうか。

もしかしたら思い違いしているのではないか。モノやお金も、たくさんあるからといって、その価値が高まるというわけではない。モノやお金へのありがたみや、感謝の気持ちが高まるわけではない。

むしろモノもお金も減らすほうがよい。

モノやお金との関係は、人間関係と同じだ。相手がいてくれることのありがたみや、感謝の気持ちがないまま、表面だけつくろうようにして仲よくやっていくのは、むなしいだけだろう。

モノやお金との関係を、むなしいものにしないために、そういう方法もあるのではないかと思う。

まとめておく。

●お金は「モノのぜいたく」のみならず、「心のぜいたく」にも使おう。趣味や遊びのため、自己の人間的な成長のために、だ。「モノのぜいたく」「心のぜいたく」のバランスの取れた生活が、幸せな暮らしの基本だ。

●若いうちはモノに頓着しないこと。自由という「心のぜいたく」を思う存分に味わおう。その経験が社会人になってから現われる。

●欲張りもケチも「足るを知らない」という意味では同じ。だから、お金はあるけれど、ぜいたくなモノにたくさん恵まれているけれど、豊かさを実感することができないのだ。

●いまあるお金で、いまあるモノで満足するために、もっと知恵や工夫を働かせよう。そんな知恵や工夫が、自分の力で生きている充実感を生み出す。

●モノやお金に感謝する気持ちを養おう。そのためにはモノやお金への際限ない欲望を少しセーブしてみることである。

自分の消費活動の癖を知る

家計簿をつけてみたらどうか。主婦も、そして亭主も、である。

モノやお金への見方が変わる。もっとモノやお金を大切に思う気持ちが養われるようになるはずだ。

また自分の消費行動の癖といったものがわかってくる。

これはムダな出費の防止策になるだろう。

ムダなモノを増やさないコツともなる。

また買い物をする際にイマジネーションを働かせる訓練としても、家計簿をつけることをお勧めしたい。

どういう目的で、何を考えながらモノを買ったか。買ったあと、どう感じたか。値段と満足度のバランスは……と、そんなことを考えながら家計簿をつけることで、反省点が色々浮かび上がってくる。それがまた次の買い物に活かせる。

私も確定申告のために領収書は保管しておくようにしているが、過去の領収書を眺めながら「そういえば、あそこでこんな買い物をしたんだっけなあ。これは役に立つと思って購入したんだけど、使わないままにしているなあ。反省、反省」などと感慨にふけることがある。

まあ、そういう反省の積み重ねが、私たちを買い物上手にしてくれるわけだ。「家計簿をつけるようになって出費が減ったわよ。だって家計簿をつけるのに忙しくて、買い物になんていっている暇はないもの」という笑い話もあるが、それはそれとして、過去の領収書を眺めて「感慨にふける」ということは、それ自体、楽しいものである。

むかしの日記や写真帳を引っ張り出して眺めているような気持ちになってくる。

あのときは女房と買い物へいったんだ、これは旅行中の買い物だった、ああこれは……と、そのときの思い出がよみがえってきて楽しいのである。

7章

「捨てる」「片づける」で、イキイキ生きる

家の中を散らかし放題にしないためのルールを作る

こんなことはないだろうか。

家の中にあったモノを勝手に捨ててしまったばっかりに、「お母さん、あれ、どこやったの？　捨てた、ですって？　どうして捨てちゃったのよ、困るじゃないの。必要ないモノだったんでしょう、ですって？　とんでもない、あれは大切なモノだったんだから。捨てられたりしたら、困るモノだったんだから。大切なモノだったら、ちゃんとしまっておけばよかったのに、ですって？　ああ、もう、お母さんの、ばか！」と、ひとつのモノをめぐって親子げんかになることが。

こんなこともあるだろう。

「あなた、ちょっと、こんなモノ、ここに置いておかないでよ。ジャマになるじゃないの。なんとかするから、もう少し、ここに置いておいてくれですって？　何いっているんですか、おとといからずっとここにあるのよ。もう待てないわよ。要らないモノなんだったら、捨てちゃうわよ。要らないモノなんでしょう？　何もしないで、ここに置きっぱなしなんだから。何よ、その顔は？　文句でもあるっていうの、え？」と、ひとつのモノをめぐって夫婦げんかになる。

これがひとつ屋根の下で、自分ばかりではない人間とともに暮らしていく、むずかしさだ。

家にあるのは、自分のモノばかりではない。そして家は、自分だけの居住空間ではない。家族みんなの共有の場。

ひとり暮らしであれば問題はない。そこにあるのは自分のモノだけ、部屋はすべて自分のものなのだから、何を捨てようが、どこに何を置こうが、だれかからとやかくいわれることはない。

だが家族で、ひとつ屋根の下に暮らすとなるとそうはいかない。家の中にあるモノを、どのようにして扱っていくのか、あらかじめみんなで守っていくルールが必要になってくる。

このルールがないと、家の中がメチャクチャになってゆく。家族同士のけんかも絶えなくなるだろう。その結果、家族崩壊ということにもなりかねない。

職場には就業規則というものがある。スポーツにもルールがある。ルールや規則というと堅苦しい印象をもたれるかもしれないが、ルールや規則があるからこそ働きやすい環境が得られる、スポーツを楽しめるのだ。

それと同じように、家にもルールが必要なのだ。それは家を、より暮らしやすい快適な場所にするための知恵だと受け取ってもらいたい。

ところで斎藤家には「家庭憲法」と呼ばれるものがある。

私事で申し訳ないが、まずはこれを紹介しておこう。

●他家の生活に足を踏み込まず。

●他家をアテにするべからず。

●どこへいくのは、よけいなお世話。

これもみんなで集まって話し合って決めた……といいたいところだが、実際は、私が勝手に決めた三か条だ。身内意識でベタベタした関係になるのを回避するために先手を打ったのである。

みなさんのご家庭でも参考にしてもらえるのではないかと思う。

人の生活の領域に、自分のモノをもち込まず

いま（当時）暮らしている東京都府中市には、平成元年に引っ越してきた。ひとつ屋根の下といえないこともないが、三世代五所帯の集合住宅であり、ひとつは私たち夫婦の暮らす家。あとの家はそれぞれ子供たち家族の住む家である。

私は寄せ鍋家族といっているのだが、だから当然、家族みんなが協力しながら、またそれぞれのプライバシーを守りながら、仲よく暮らしていくためにはそれなりのルールが必要になってくる。

それが先ほどの「家庭憲法」だ。

「他家の生活に足を踏み込まず」

これは、家族それぞれの生活を尊重するという意味だ。近所がみんな身内だと思えば、そこには必ず「甘え」や「安易なつき合い」が生まれてこよう。なあなあの空気で甘え合っていれば、いずれ人間関係のトラブルとなってはね返ってくる。これを回避するために、お互いに自制することを促したのである。

だから極端な話、たとえば夕方、にわか雨がふり出したとする。窓の外に目をやると、息子の家の庭に洗濯物が干してある。このままだとせっかく干した洗濯物がまたビショ濡れになってしまうが、しかし私たちはほっとく。「雨ですよ」と声をかけることも差し控える。

「なんて冷たい家族」と思うかもしれないが、他人の家庭に足を踏み込んだばっかりに、「雨だ」と声をかけたばっかりに、息子夫婦は何か監視でもされているかのような不愉快な気持ちになるかもしれないではないか。だから、ほっとく。

モノという観点からも、同様である。

「他人の生活の領域に、自分のモノをもち込まず」である。

家族といえども、人のプライベートの場に土足で足を踏み入れたり、いや土足でモノをもち込んだりはしないこと。

どこの家庭にもありそうな会話。「お母さん、ぼくの部屋に、お母さんのミシン、置いておかないでくれよ。早く、もってってよ」と怒る息子に、「何、生意気なこといってんのよ。自分の部屋だなんていってるけど、自分でお金出してこの家建てたわけじゃないでしょう。ちょっとぐらい、置かしてくれたっていいじゃないの。置き場所がなくて困ってるのよ」と。

そういうお母さんだって、キッチンにお父さんがゴルフバッグをドカッと置きっぱなしにしていたら、ひとこと文句もいいたくなるのではないか。「こんな大きなモノ、こんなところに置かないでよ。料理ができないじゃないの」と。

人の収納場所を勝手に使うな

あなたの家も、モノを収納しておく場所は、ここはお父さん、ここはお母さん、ここはだれと、それぞれ所定の場所がなんとなく決まっているものだろう。そこで自分用の収納が満杯になったからといって、人の収納場所に勝手に自分のモノを放り込んでおく。これはルール違反だ。

「この本棚は、ぼくの本を入れておくために使っているものだ。お母さんの読む本を入れておくのはあっちの本棚だろ」と怒るお父さんに、「だって私用の本棚はいっぱいなんですもの。ここ、空いているんだから、私の本を入れといたっていいじゃない。ケチケチしたこといわないの」と反論するお母さん。

ルール違反をしているのは、どうもお母さんのようである。

「ケチケチしたこというなって、あした買ってくる本を、ここに入れようと思っていたんだ。それを、おまえは」と声を荒らげるお父さんに、顔をまっ赤にしていい返すお母さん。あとは知らない。夫婦げんかは犬も食わないそうだから、私もこれ以上書くのはやめよう。

まあ、そんな夫婦げんかをしたくなかったら、自分の収納場所に収まりきらなくなったモノは、自分の責任で捨てるなりなんなり、処分の仕方を考えたほうがよい。

家族みんなで使う場所を、自分のモノで占領しない

「我が家」という言い方が、いけないのではないか。

心のどこかで「あの家は、私の『我が家』なのだ」という意識があるから、ほかの人のことなどあまり意識せずに、好き勝手なことをする。息子の部屋にミシンをもち込んだり、台所にゴルフバッグを置いて平気な顔をしていたり、である。たとえは悪いが、他国の領海へ突然ミサイルを撃ち込むようなことをする。

家にいるときであっても、もっと公共意識をもつほうが、平和が保たれると思

うのだが。そのためには「我が家」ではなく「我々の家」、家は自分ひとりの場所じゃない、という意識を忘れてはならないように思うのだ。

さて「我々の家」の中でも、とくに「自分ひとりの場所じゃない」というところがある。家族みんなが集うところ、リビング、食堂といった、みんなが集うところ。そしてトイレ、風呂場といった、家族みんなで使うところだ。

そういう「公共の場」に、自分のモノを山積みにしておくのは、他の家族にとって迷惑になることを心得よ。

「お父さん、仕事から帰ってきて、リビングのソファの上に背広を脱ぎっぱなしにしておくの、やめてよね。ちゃんと片づけておいてよ。なんだかオジさんくさいよ」

「おまえこそ、テレビの前に置きっぱなしになっている、テレビゲームの機器やら何やら、あれはなんだ。さっさと片づけてくれよ。だらしのない子だなあ」

と。

「食堂のテーブルの上には、やりかけのパッチワークの布が広げっぱなしになっているから、ごはんはリビングで食べてくれっていうのかい。おまえねえ、それはできないよ。ごはんは、ここで食べさせてくれよ。さっさとテーブルの上、片づけてくれよ」

「何よ、あなた。あなたのほうこそ、リビングのテーブルで釣り道具を手入れするとかなんとかいって、自分で占領してしまっているじゃないの。あなたのほうこそ、さっさと片づけてよ。ごはんはリビングへ運びますからね」と。

「お兄ちゃん、トイレにマンガを置かないでよ」

「いいじゃないか、トイレに入ったときに読むんだから、置いといてくれよ」

「嫌よ、トイレに入ったら、マンガが置いてあるなんて。駅の公衆トイレじゃあるまいし。家のトイレは、お兄ちゃんだけのものじゃないんだから」

と、いい争っている家庭もあるのでは？

家の中で、どこかの国とどこかの国がやっている領土の取り合い合戦のような真似事をされては困る。それこそ家の中で戦争が勃発《ぼっぱつ》することになるのではないか。

家庭の中でこのように、しっかりと公共の意識が養われていないから、コンビニの前にたむろして、そこで食べたカップラーメンやらお菓子の空き袋やらで道路を散らかすことをなんとも思わない若者が現われる。

自分で出したゴミは自分で捨てよ、ではないか。いやその前に道路で、あんなふうにたむろされたのでは、通行のジャマではないか。

ゴミを捨てる費用がもったいないと、人気《ひとけ》のない空地や人里離れた山の中に、布団、冷蔵庫、家具といった粗大ゴミを捨てていってしまう人もいる。

街に緑の並木の美しい遊歩道が作られると、道端の土で家庭菜園の畑を始める人がいる。

きっと家では、自分のモノをどこへ置くかをめぐって家族同士、口論の絶えない家庭ではないのか。

公共の意識を養うためには「家から始めよ」だ。

モノを捨てたり片づけたりすることを、人任せにするな

「他人をアテにするべからず」

家族だから、何か困ったことが起こったときには、助け合うのは当然である。だれかが病気になったときなど、そうだろう。

しかしふだんは、自分でできることは自分でする、自分のことは自分が責任をもつのが基本だ。家族だからといって、人に甘えたり、もたれかかったりするのは禁物だ。

モノという観点からいえば、一番アテにされるのはお母さんだろう。

「ちょっとあなた、脱いだモノを、ここに置きっぱなしにしておかないでよ」

「ああ、ワイシャツは洗濯に出しといて。背広はハンガーにかけて、下着は洗っといてね。ついでにカバンは机の上に置いといて」

「そんなこと、自分でやってよ。いちいち私に命令しないでちょうだい」

「何をいっているんだよ。そういうことって、女房の仕事だろう」

これは亭主のほうが悪い。奥さんの言い分のほうが正しい。

「ねえ、ここにある雑誌、あなたのでしょう」

「ああ、それ。お母さん、捨てといて。私もう、読み終わったから」

「捨てるんなら、自分で捨てなさいよ」

「私いま、ちょっと忙しいのよ。手が放せないの」

「冗談じゃないわよ。お母さんは、あなたの家政婦じゃないんだから」

これもお母さんの言い分のほうが正しい。ルール違反は、娘のほうだ。

「捨てる」「片づける」という仕事を、お母さんに一方的に押しつけてしまわないこと。お母さんに頼りきりにならないことだ。

何もかもお母さん任せでは、お母さんがストレスだらけになって、いつもイライラガミガミとなる。お母さんの機嫌が悪い家は、ほかの人たちにとっても、住み心地のよい家とはならないだろう。

そのためにも次のようなルールもつけ加えておきたいものだ。

●使い終わったモノは自分でちゃんと、もとあった場所に戻しておく。
●使ったモノは、使った人の責任できれいにしておく。
●自分が要らなくなったモノは、自分で処理する。
●自分が脱いだモノは、自分で片づけておく。

そして、

●お母さんには「ありがとう」と、ねぎらいの言葉を。

これも家庭のルールとして、つけ加えておきたい。

お父さんが会社で働いているあいだに、洗濯をしたり部屋の掃除をしたりしておいてくれたお母さんに「ありがとう」である。

人のもっているモノに、よけいな干渉をしない

それが私たち家族のルールとなっている。よけいなお節介、よけいな干渉になるから。

だれかがどこかへ出かけようとしていても、「どこへいくの」とは訊かない。

「どこへいくのは、よけいなお世話」

たとえ相手が孫であってもだ。孫がどこかへ出かけようとしている。そのとき私がいう言葉は「いってらっしゃい。気をつけていくんだよ」だけ。「どこへいくの？」とは訊かない。

孫には孫の、家族の誰にも知られたくない秘密もあろう。この「秘密をもつ」という成長を大切に見守るのが、家族の役割でもあろう。子供の独立心を促すためにも、である。ちなみに、「どこへいくの？」と訊いて、ぶっきらぼうに「ちょっと、そこまで」と答えたら、それは孫が、干渉されていると感じているからだ。そんなつもりで訊いたわけではなくても、相手はそう感じている。このあた

りの微妙な心理は心得ておきたいものだ。

さて、モノでも同じだ。

●そのモノの置き場所で、人の生活領域を犯すようなことはしないこと。

●そのモノに関しては、自己責任でちゃんと管理してゆくこと。

先に述べた、このふたつのルールを守ることが前提とはなるが、それができるのであれば、人が何を買ってこようが、買ってきたモノをどう使おうが、干渉はしない。

「何、それ？　ずいぶん大きな袋ね、何を買ってきたのよ？　ジョギングシューズと、それからジャージとキャップですって？　あしたからジョギングを始めるっていうの？　どうせ三日坊主なんでしょう。だって、あなた、意志が弱いんだから。どうせムダな買い物になるんだから」というのは、亭主にはお節介に見えるだろう。たとえ亭主の「意志が弱い」のがほんとうだとしても、だ。

「そんなモノ買ってきてどうするのは、よけいなお世話」なのである。

ちなみに、他人の領域にある人のモノを、勝手にもち出してきて使うことも、もちろんルール違反だ。

「ねえ、私の部屋にあったCDプレーヤー、知らない？　あ、お父さん、こんなところにもってきてる。私に黙って勝手にもっていかないでよ。それに勝手に、私の部屋に入らないでちょうだい」と怒る娘さん。

ここでは「娘さんの言い分が正しい」といっておきたい。

幸福な家族には「モノをどうするか」のルールがある

仕事がら、私は様々な家庭の内情といったものを見ることになる。「心の病」の背景には多かれ少なかれ家庭環境が影響しているものであり、また治療にも家族の協力がどうしたって必要になってくる。

さて、いい家庭、健全な家族には、共通した要素が見られる。

ひとつは愛情だ。あたたかい愛情で、家族が結ばれているということである。

もうひとつ、これはルールである。家庭の中に、基本的なルールがあること。

この愛情とルールが車の両輪として、バランスよく保たれていることが、いい家庭、健全な家族の条件となる。

どちらか一方が突出していても、うまくいかない。ルールばかりが厳格で、愛情のない、冷たい家庭。反対に愛情には恵まれているのだが、ルールがない。ただの甘やかし、もたれ合いになっている家庭。双方とも何かしら、問題が起こりがちな家庭だ。

それはとくに子供の成長に大きく反映されるだろう。手のつけられないような不良となったり、引きこもりとなったりしがちである。

ちょっと話がずれたので、戻す。家庭にもルールを、などというと、窮屈な印象をもつ人がいるだろう。

「職場もどこも、世の中ルールだらけだ。ルールに縛られながら、あくせくして生きている。せめて家にいるときぐらいはルールから解放されてくつろぎたい」

という人がほとんどだろうが、家でくつろぐためにも、家庭にはルールが必要なのである。

ルール意識の欠けた家庭は、ひと目でわかる。とにかく、汚い。モノがそこらじゅう散らかり放題で、リビングもキッチンも物置のような状態。

そんなだらしのない家で、くつろげると思いますか。

ゴロンと横になって、手足も伸ばせないではないか。寝返りを打つたびに、どこからか埃が落ちてきそうではないか。嫌な臭いもにおってきそうである。

家を、まさにくつろぐための快適な居住空間にするためにも、ルールが必要なのである。ルールを作って、それをみんなで協力して守っていく姿勢が大切なのだ。またルールが、家族の絆を強くしていく。

先に挙げた斎藤家の「家庭憲法」もそうだ。家族が快適に暮らしていくための、最低限のルールだ。

自分のことを棚に上げて、人のだらしなさを糾弾するな

さてルールを決めた。あしたからは決めたルールを実践していこう。と、ここで注意しておかなければならないことがある。

私たちは往々にして「自分に甘く、人に厳しく」になりがちだ。とくに「だらしのなさ」ということについてはである。

人のだらしなさについては敏感だが、自分のだらしなさには鈍感、そんなことが人には往々にしてある。

「爪切りをこんなところに置きっぱなしにしているのは、だれだ？　使い終わったら、もとにあった場所に戻しておくんだろう？　使ったモノは、使った人の責任できれいにしておきなさい。みんなで決めたルールなんだから、ちゃんと守れよ」と、お子さんを厳しく叱るお父さん。そんなお父さん自身が読み終わった新聞をそこへ置きっぱなしにしてどこかへいってしまう。

そうやって「お父さん、お父さんこそ」と、だらしのなさの非難合戦になりや

すい。

そういうことでは困る。

ルールをちゃんと守っているかどうか、まず目を光らさなければならない相手は、自分だ。まずは自分に厳しくあれ、だ。

そうしなければ、せっかく決めたルールが、ただ家庭の不和の原因になるだけで終わってしまう。

だらしのなさの非難合戦になったときは思い出そう。

なんのためにルールを取り決めたのか、と。

家を快適で、スッキリとした居住空間にするためであったはずだ。

「どういう家で暮らしたいか」を話し合う

機会を見つけて、どういう家で暮らしていきたいのか、家族みんなで集まって各々思うところを述べ合ってみては、どうか。

いまの日本の家族には悲しいかな、そうやってみんなで集まって話し合う機会があまりない。「仕事が忙しくてねえ。朝は早いし、夜は遅いし」という亭主、「忙しいのは私だって同じじゃないの。毎日、予定がいっぱい詰まっているし」という奥さんの声も聞こえてきそうだ。「家族会議なんて、ダサイよ。面倒臭いし」と、息子や娘はいいそうである。

しかし同じ家に住んでいる。帰るところはいっしょなのだ。一時間や二時間、みんなで集まる時間を作れないわけではあるまい。面倒臭がってはならぬ。いくら家族とはいえ、話し合うことは話し合っておかないと、相手がどう考えているかわからない。家族といえども、夫婦はもちろん、親子も兄弟も、それぞれ違った個性をもち、好みも理想もまたそれぞれだ。

だからよく話し合っておかなければ、やはりギクシャクが生まれ、気持ちがすれ違って、ささいなことで口げんかが勃発するようになる。

さて、なぜこんな話をするのかといえば――。

自宅を「快適でくつろげる家」にしたいと思うのは家族みんなに共通している

だろうが、具体的に考えているところはそれぞれ違う。

仕事で疲れて家に帰ってくるお父さんは、心が安らぐように家の中はできるだけシンプルにして、よけいなモノは一切置かないほうがいいと思っている。

しかし家が日常生活の場であるお母さんは、家には色々なモノを飾りつけていたい。そんなオシャレな環境であってこそ、くつろげると考えている。

ズボラなところがある息子は、家の中が多少散らかっていても平気。

だが、きれい好きな娘は、ゴミひとつ落ちていても許せない。

家族にこういう意識のズレがあると、たとえばお父さんは、お母さんがオシャレだと思って家に飾っておくインテリアを、ただ「うるさい、ジャマなモノ」としか受け取っていない。

ズボラな息子は、家の掃除は一週間に一度すれば十分だと考えているが、きれい好きな娘は掃除は毎日しなければ気持ちが悪いと思っている。

こういう意識のズレから、ちょっとしたことで口論が始まり、何かとゴタゴタが絶えなくなれば、「快適でくつろげる家」どころではないだろう。

そうならないためにも、リビングのインテリアはどうするか、どういうイメージの家にするか、家具類の色調はどうするか、掃除はどの程度の間隔でやるか、だれがするか、ゴミ捨ての係は……といったことを家族みんなで話し合って、意思統一をはかっておくことが大切となる。

家を、家族ひとりひとりにとって「快適でくつろげる家」にするために、だ。ある人にとっては快適だが、ある人にとっては不快。ある人にとってはくつろげるが、ある人にとってはくつろげない、というのはうまくない。

家のあり方は、みんなで作っていくものである。

自宅を「友だちを呼べる家」にするために

「これじゃあ、家に友だちを呼ぶこともできない」という声をよく聞く。

つまり家の中は散らかり放題で、モノが散乱していて、要らないものが山のようになっていて、とても「恥ずかしくて見せられない」というわけだ。

居間のテーブルの上には、メモ、電話帳、読みかけの雑誌、新聞、広告、DM、地図帳が散乱している有様で、それを見るだけで「片づけよう」という気持ちもなえてくるのであろう。

押入れは戸を開ければ、中にしまい込んでいるものが雪崩《なだ》れを起こしてあふれ出てきそうだから、怖くて戸も開けられない状態。

ベッドルームは、あふれ返るモノで物置のようになっている。

クローゼットは、古着屋の陳列棚同然だ。

流しは汚れた食器が、そのままになっている。

これでは「友だちを呼べない」以前の話で、自分が「こんな家には住めない」という気持ちのほうが強くなっているのではないのか。

だが、そんな家から逃げ出して、どこか新しい家に引っ越したとしても、問題が解決はしないことは断言しよう。

新しい家も、たちまちゴチャゴチャになって「友だちを呼ぶこともできない」「こんなところに住めない」家に変貌してゆくことは容易に想像できる。

これはもう、自分自身が変わるしか手がないのである。

第二次世界大戦時のイギリスの大宰相、ウィンストン・チャーチルは「初めに人が家を作り、次に家が人を作る」といった。

いい換えよう。これは、家でだらしのない暮らし方をしていると、人間がどんどんだらしなくなってゆく……ということだろう。

その人はきっと職場の机の上も、だらしのない有様なのに違いない。

それだけではなく、勤務態度もだらしないのではないか。時間にルーズで、トラブルばかり起こしている。

人間関係も、だらしがない。約束したことを守れず、これまたトラブルばかり起こしている。

このままでいいのか。いいわけがない。

まず、家での「だらしのない暮らし」を改めることだ。

そのためには、快適に暮らすルール、きちんとしたルールを作って、これを守ってゆく心構えをもたなくてはならぬ。

「人が家を作り」で、家が友だちを呼べるような状態に戻ったとき、「家が人を作る」で、知らず知らずのうちに職場での勤務態度も変わってゆくだろう。上司からは「あいつ、やっとやる気が出てきたみたいだな」と評価もされる。人間関係も良好なものとなり、周りの人からの信頼感も増す。

「捨てる」「片づける」は、その人の人格を印象づけるものだ。そういう習慣を身につけることが、人生に大きく関与してくることは、いうまでもないことだ。

著者紹介
斎藤茂太（さいとう　しげた）
1916年生まれ。精神科医・医学博士。斎藤病院名誉院長、日本精神科病院協会名誉会長、日本旅行作家協会会長など多くの要職を務めた。歌人で精神科医だった斎藤茂吉の長男。作家北杜夫の実兄。長年、家族・夫婦・子育て・心の病・ストレスを扱い、「心の名医」として熱い信頼を受けてきた。また、ユーモアあふれる柔和な人柄と、豊かな人生経験からの適切なアドバイスで多くの人から親しまれた。愛称は“モタさん”。2006年11月、逝去。
著書に『会社、仕事、人間関係が「もうイヤだ！」と思ったとき読む本』(あさ出版)、『モタさんの落ちこみやすい人の“大丈夫！”な考え方』『「なぜか人に好かれる人」の共通点』『「こんな会社やめてやる！」と思ったら読む本』『気持ちがすーっとラクになる本』(以上、ＰＨＰ文庫)、『「いい人」が損をしない人生術』(ＰＨＰ新書) など多数がある。

この作品は、2006年11月に新講社より刊行された『「捨てる」「片づける」で人生が楽になる』を改題・再編集したものである。

PHP文庫　「捨てる」「片づける」で人生はラクになる

2011年8月19日　第1版第1刷
2019年8月9日　第1版第7刷

著　者　斎藤茂太
発行者　後藤淳一
発行所　株式会社PHP研究所
東京本部　〒135-8137 江東区豊洲5-6-52
第四制作部文庫課　☎03-3520-9617(編集)
普及部　☎03-3520-9630(販売)
京都本部　〒601-8411 京都市南区西九条北ノ内町11
PHP INTERFACE　https://www.php.co.jp/
組　版　朝日メディアインターナショナル株式会社
印刷所
製本所　図書印刷株式会社

© Michiko Saito 2011 Printed in Japan
ISBN978-4-569-67092-8
※本書の無断複製(コピー・スキャン・デジタル化等)は著作権法で認められた場合を除き、禁じられています。また、本書を代行業者等に依頼してスキャンやデジタル化することは、いかなる場合でも認められておりません。
※落丁・乱丁本の場合は弊社制作管理部(☎03-3520-9626)へご連絡下さい。送料弊社負担にてお取り替えいたします。

PHP文庫好評既刊

気持ちがすーっとラクになる本

斎藤茂太 著

「80パーセントでいい」「否定的な言葉を使わない」など、前向きに生きるためのちょっとしたコツを伝授。つい悩んでしまう人必読の書。

定価 本体五一四円（税別）